心 靈 勵 志 16

生命！我要大聲吶喊！

TAROT

塔羅心靈故事

面對未來種種挑戰，也能從更具智慧的觀點來解讀與克服

請跟隨塔羅牌的腳步，一張一張慢慢地揭示靈魂最深層、最宏偉的奧義

你將看到更遼闊的光景

作者 海娜

博客思出版社

X
Fortune

擺渡者的槳划呀划

我總是安安靜靜，聽著問牌者，或陌生朋友的問題
人生大事或小小難題，困住、不解、無路，點點滴滴牽掛著
所提及的，不論是前世今生好奇或靈魂深處的飄蕩

我所扮演的，一直是非常清楚明白認真演出！

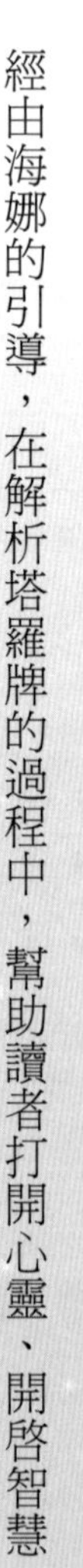

推薦序一

經由海娜的引導，在解析塔羅牌的過程中，幫助讀者打開心靈、開啓智慧，使讀者對人生有更深入的了解、進而有所悟！

當我們迷惑時，我們需要有智慧的師友來爲我們解惑、尋找那一道曙光！當你有機會遇見海娜時，希望你也能具備識人的眼光和信任的心，讓她能以她的經驗和專業與你一起平靜的來開啓自己的深層心靈，內在智慧；因此，對生命的難題作出更好的選擇。祝福每位讀者都能找到自己生命中的良師益友，航向自己人生所屬的方向；並在這航程中完成生命中的使命。

敬祝 平安喜樂　福慧雙修

高雄市全球會展推廣協會　理事長　袁韻樺敬筆　一〇一年七月十日

推薦序二

我與海娜結緣已近十年了，多年前我曾爲了幫助罕見疾病多發性硬化症協會募款，發行一張台語老歌 CD，正是海娜爲我們寫的序，沒想到在多年後的今天，海娜竟然要出書了！

一位生命的鬥士，經歷過與眾不同的生命過程，但卻能勇敢，一步一步克服萬難的走過來，樂天知命的個性，在困境之時，卻還能悲天憫人，時時刻刻關心周遭不管認識或不認識的朋友，讓人不得不佩服這個充滿智慧的弱小女子，身上所具有的強大能量，是如此的驚人。

我和海娜常常互相安慰彼此，老天爺給了我們一個不很健康的身體，一定是有特殊的任務要我們去執行，因此我們都用很健康的態度去接受，甚至用自身的例子去鼓勵無法面對的病人，知道她要出書了，希望能藉由書來感動及影響更多朋友！

現任中華民國多發性硬化症協會　副理事長　陳思華

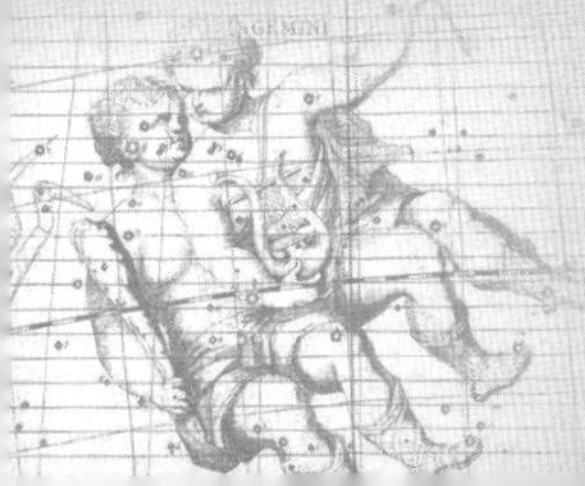

推薦序三

面對著未來神秘不可預知的種種挑戰，期待能從更具智慧觀點來解讀與克服，請跟隨塔羅的腳步，一張一張地，慢慢地揭示靈魂最深層的奧義，您將發現更遼闊的人生光景及無與倫比的生命風華。

海娜就是這樣知性及感性的女人，說話輕輕緩緩的，在面對心靈諮詢、學生授課及大眾演講，總能感動及點化許多茫然心慌的朋友，她常說：「我是收集眼淚的人，海娜願意用最真誠、最有力道的能量來改變朋友。」特別是老天爺在她身上烙下了二十三根鋼釘的美好印記，代表她這輩子注定要成為勇敢的鋼鐵人，她著重在生命意義及存在價值，對生活現實面的難關該抱持如何的心態，提供了解決方案的建議，這是跟一般心靈老師極大不同之處！她更能體會出，人們的痛苦與無奈，尤其是特別注重問題盲點及打結處，海娜以深層溝通的方式，幫助朋友壯大自己心靈，勇敢面對！

很高興她能將人生的經驗化為璀璨的文字，能讓更多朋友們共同分享喜樂，在此誠心祝福她新書大賣，順利成功！

中華民國芳療整體保養職業工會　全國聯合總會理事長　潘靜雅

推薦序四

沒有一顆心，會因爲追求夢想而受傷，當你真心渴望某樣東西時，整個宇宙都會來幫忙。海娜就是我眼中認識這樣勇於追求夢想，並時刻面對挑戰的一位小女子，對生命有熱情，對人有關愛，老天爺給了她一份美好又特別的禮物，讓她成爲朋友及學生眼中，一位非常重要心靈上的良師亦友，在現今社會高度壓力的狀態中，我們是非常需要有海娜這樣正面能量引導及現實問題解決方案的好老師，陪伴我們一同通過生命之輪，勇敢、可愛及無懼的面對自己的生命。

期待「生命！我要大聲吶喊！」這本真實的短文故事，不管是工作、親情、愛情及成長方面，都能帶給讀者心靈上的鼓勵及感動，妳能，宇宙就能，相信及熱愛自己，讓自己生命發光發熱，並影響整個社會，氣場往上，往愛提升，蛻變轉化更美好的自己！

人的一生中，我們要經歷面對許多事情，要相識相交許多人，心靈導師就是非常重要的一個角色，海娜常提醒我們要經常擦拭心靈的鏡子，在難關面前，我們需要穩住自己不安的心，充盈自己那感恩、寬容、大器的生活會讓我們更容易感受到平靜與安然。

這回知道她要出書，在此預祝她的新書大賣！好評不斷！

高雄市市議員　黃柏霖

推薦序五

心靈老師雖不能直接改變人的命運，但可以透過輔導觀念及態度的改變，進而影響個人的觀點，繼而改變人生生命的價值，當心靈深處被觸動時，隨之展現奇蹟。

所以，心靈老師的角色，有如母親呵護小孩一樣，需要母親的愛護、照顧及教導，引導讓它了解，什麼是正確的方向。所謂「小小善念，能救世界，行善沒有條件，願有多大，力就有多大。」，在海娜的身上發現它有著與眾不同的智慧與願力。

我認識的海娜，聲音清脆動人，有如黃鶯出谷，輕緩柔合，話語中充滿正面的能量與光明，尤其那靈性的波動及正面解讀逆向思考的邏輯，對朋友現實生活中的困境與難關，總是用那特有的方法及靈性進行溝通，給人一種和諧親近的感覺，協助朋友們渡過難題，這就是海娜與眾不同的地方！

對海娜，我有深切的期許，希望她能幫助更多的朋友，結更多的善因緣，讓自己擁有的特質能繼續在愛的世界裡發光發亮，永不退燒！

台灣女性創業研究發展協會　理事長　朱淑貞

推薦序六

有幸在一位摯友的引薦下認識了海娜老師，還記得那是一個初夏的午後，當時不知道是什麼樣的力量牽引，就是想與老師認識，在見到老師之後也沒聊上多久，就毫不自主的讓自己的情緒不受控制的宣洩，眼淚停不住，情緒更是激動萬分，那種感覺就好像找到了失聯已久的親人，很多的委屈、很多的壓力、很多的不滿，都在那時候得到了紓解，海娜老師靜靜的聆聽著我的過去，原來在我這麼看似堅強的外表下，還是有著如此脆弱的心靈。

以前總覺得為什麼沒有人懂我，事實上是我們連自己都不懂自己，自從與海娜老師學習塔羅牌之後，才明白人生原來就是這麼一回事，從一個新生未知的靈魂來到一個千變萬化的世界，每個靈魂都必須經歷著探索、學習、調整、發現內在的本性，順應著生命的河流走，再一次的重生、瓦解、整合、一直到接受事實，最後你會發現原本自在的信任，讓生命有著更寬更廣的看法。

塔羅改變了我的人生，讓我們知道原來我們會出生是因為我們身上都帶著不同的任務來到這個世界，老天爺對我們不會不公平，祂會藉由很多發生在我們身上的事，讓我

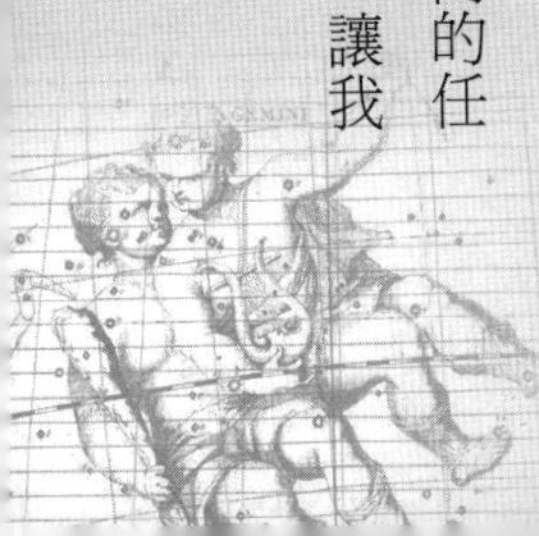

們有所醒悟，明白深層靈魂奧秘，因爲這就是人生！

很高興能與海娜老師結緣，也因爲有了她才豐富了我人生中的下半段旅程，我愛塔羅，更愛我的海娜老師！

學生　柯柔安　一〇一年六月十二日

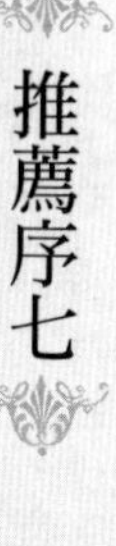

推薦序七

老師！您是我生命中的貴人，是您在我徬徨無助、封閉自我時，爲我開啓了一扇門，還帶來好多天使陪在我身邊，一起爲未來做努力，讓我不再覺得孤獨，謝謝您！

學生　和蓁　一〇一年六月十五日

自序

我感恩此生所有的安排！

我感恩此生能認識塔羅牌，與它學習相處成為很好的朋友，對我這輩子而言我是那幸運的傢伙。

多年從在路上揀到一張「塔羅招生」的宣傳單，什麼都沒多加思考，就去報名學習，我是簡單相信直覺的人，在人生需要重大判斷時，都是如此思量。

我的啓蒙老師，她非常靈修派，坦白說她所教的都是空靈、型而上的教學，這點對我來說，是完全無法清楚明白塔羅其中意涵，可能我資質魯鈍吧！

然而我強烈覺得塔羅的確是可以幫助朋友困難心惑時的好工具，但人們仍然不能脫離現實生活的種種考驗，所以我努力自學，研究可以跟現實生活連結的方法，不空靈、不玄迷，直接真心給予問牌者解決方案及思考路徑。當然自我心靈壯大的訓練也是我的強項，我感覺這是我的使命，從事塔羅讀牌師及心靈深層溝通師的工作，我比別人更努力及不斷提升專業能力，用心用愛協助期待生命轉化蛻變的朋友走過生命的風華。

很多人都有買過塔羅牌，亦或許曾學過，然而，同樣一付牌，在我的身上我要讓它發光發亮，透過我的服務，讓朋友可以更明白自身存在的價值！有問題就一定有解決方案，而不是只能逃避、哭泣，如此面對生命，人人都有靈性，靈魂會感知你的痛苦、難過。所以，我都會想盡辦法將靈魂打結之處，協助當事者一同面對解決難關，進而蛻變生命，打開心結，啓動美好能量，蛻變生命更美好的樣貌。

很多需要我的朋友，透過塔羅及深層溝通的力量，我讓朋友了解其自身生命重要的課題，今生學不會，來生要要加倍呀！在我身上有二十三根鋼釘，這輩子它就是我背後一條高鐵，隨時隨地的痛，我早已習慣，並加倍疼惜它，因為它是我最美、最勇敢的印記。

心想事成、正念正心，讓生命譜寫成一首首感動自己及別人的好歌，對生命有期盼，多多關注自己，讓生命靈魂不再老是受傷難過，黑暗來臨前，白天就在身後，人總要習慣，生命本來就是一關一關，透過心靈的感知，讓自己的生命靈魂就此不孤單，並且多一份可愛及勇敢，別轉身而去不將生命靈魂當成一回事，物質只是半成品，心靈是可以訂做的美好，只要你真心緊握別弄丟多愛自己圓滿生命，你的心靈就是你是最溫暖的伴。

你可以隱藏一時的痛苦，然而你的靈魂早已感知你的一切，所以你痛苦，要勇敢回頭反省，握緊的拳，用永遠抓不住流失的沙，該鬆手就放了啊……

我只是小小的心靈工作者，透過塔羅牌這美好靈性的工具，讓陌生朋友可以真實面對自己問題，我輕輕緩緩口吻，讓靈魂更加透明在你我之間深層溝通，美好能量流動著。我的工作很特別，今年創辦「智慧女神心靈學苑」這路其實並不好走，然而我太清楚我的任務，所以我會更勇敢面對任何挑戰，由其是當學生及朋友告訴我，因我而改變生命，變得更勇敢沉靜樂觀，從以前流淚心慌，變得人見人愛的靈魂特質，這是我最驕傲的禮物呀！

我常常遇到第一次跟我見面過的朋友，就會落淚的莫名狀態，因爲我早該見面了，受苦的靈魂，找到可以依附的靈魂，會有如此情不自禁的情感發洩，我愛塔羅、我愛靈魂深層溝通的有效力量，當然我更希望朋友愈來愈好！然而我海娜只能陪伴您一小段，每個人的生命都需要自己挽著自己，開心滿足過完這一生。

感謝這一路協助我的朋友及妙點子文化創意有限公司鼎力相助，海娜在此獻上我最真誠的謝意！

海娜　一〇一年六月二十日

目錄

第三篇 情字這條路 101

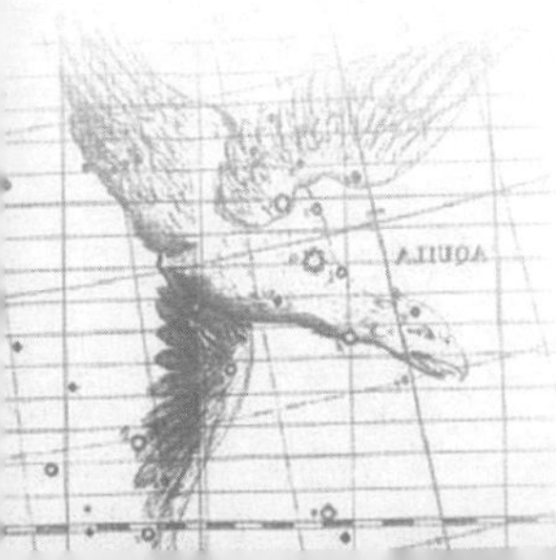

第四篇 經營婚姻 157

第五篇 工作成長 191

第一篇　生命能量

生命鼓勵你毫無保留的，掉進心裡面去經驗，看看那裡有什麼東西？這意味著，超越頭腦的控制，讓你自己去經驗愛及靈魂……

01

心念能量

有一種強度，有一個確定目標及渴望，熱情且專心的不受時空所限制，以這樣的心念來對待妳自己人生。

妳來問牌，告訴我妳對新事業的想法及擔心，因爲妳怕財力不足，人力不夠等等問題，而主要問題是財力，我知道這是很多人都會碰上的一個問題。我請妳抽牌，也請塔羅告訴我們，到底這個新事業要注意什麼，妳抽出三張牌，其中有一張《盤之王子》那是實際的決心，使某件事發生，目標導向，未來導向。塔羅鼓勵妳「決心」走向新事業，妳就要讓它發生，洞悉未來的品質，妳開心笑了，我也祝福妳在創造新事業的時候，隨時記得當初的初心及隨時調整修正，不論在各方面，妳說妳知道，開心的離開我的工作室。

人就是需要被支持，勇敢發出心念，只要是正面的，心念會發出超強強大電波，化成形形色色跳動的量子，那就是心念電波，那就是心念。妳決定是快樂喜悅或是悲傷難過的，心念都會是如此呈現，因爲妳的心主控這一切，一切切都是小事，小事連接一輩子就是我們的一生，宇宙萬物都是小小小量子形成，心念強大就好比是海嘯一般，海嘯可怕吧！無預警說來就來，其實大氣層與海平面已醞釀多時，而不是說來就來，小小量子與心靈一結合慢慢擴大，擴張這能量足已是驚天動地的。

蝴蝶效應就是如此，當南美洲一隻小小蝴蝶拍動，這拍動音波會引動北半球的蝴蝶，成千上萬的蝴蝶一起拍動，這場面多壯觀呀！影響力，當一個領導者或一位執行長，他的心念會牽動局面的改變，心念是能量，一種妳要在「心」中保有什麼樣的心念？想要怎麼做？心念若是相通，在遠方不久就會有相同頻率的呼應，甚至是陌生人，這就是心念的力量。寫成具象圖像具體寫出妳的要的渴望，妳的心念就會協助妳，只要妳良善妳願意啓動心念開關，心念就會依妳所想的啓動起來，就會完成及吸引妳想都不到的好事呢？很多人都說是吸引力法則，我認爲這也算是，只要妳願意啓動心念，不狂妄不囂張，腳踏實地拍呀拍！就像是翩翩起舞蝴蝶一樣，妳就會是那最美麗的蝴蝶，我經常啓動心念，單純且專一，堅定且專注，這樣的心念付出行動力，就會幫助妳達成妳所要的渴望。

常常有人來問牌，事過境遷，我再來問問當初所發下的心念，如今如何了呀？大部分的回答都是無法持續且專一，我想那是對自己的承諾都無法實行，如何能完成一件渴望呢？恆持發心，心念就在每一天神奇免費爲妳義務工作呢？自然妳的生命就會開展出屬於妳自己的一片天，而且是亮麗朗朗的豔陽天！

02

寧可當傻瓜 也不願當弱者

凡事都有其模樣，尋找有時，捨棄有得，尋找自己別迷路了喔！探索自己別回頭了喔！和解自己別生氣了喔！放鬆自己別緊張了喔！

你經常動不動就要找我算牌，其實我已懶得搭理，不是我沒愛心，只因爲見你一直在繞路，好長一段時間你自己走不出死胡同，好不容易走出一點點，一件事件又輕而易舉把你推回原地，輕而易舉毫不費力，白搭！你的情緒每天像交響樂，一會兒最高音，一下子最低音，這樣的情緒誰受得了呀！失控的情緒像海嘯一樣隨時會湮滅自己及你周邊波及的一切。

你怎麼啦？到底你是怎麼啦？連你都不知道，那是你不願意狠狠來一次面對自己，痛苦也痛快真實面對自己，你對自己性格上的放縱及逃避，你一直覺得能力才華沒被肯定，別人輕描淡寫一句話，就足已擊敗你摧毀你，你未免太脆弱了，生命來到這節骨眼，經常這樣的負面情緒圍繞，你的失落感是你自己造成的，沒受到肯定，那表示你還沒真正出色呀！還有努力成長的空間呀！現在正是你生命要要尋找真正自己的時候，你的自我毀滅自我消沉，那都是無意義的腳本。

其實你也害怕在這樣生活著，但你偷懶、你無賴、你沒種、沒承擔，就藉故別人的錯來掩飾內心恐懼，凡事都有其模樣，尋找自己、探索自己、和解自己、放鬆自己，然後活出自己，你經常抽到是《傻瓜牌》；就是要你帶著天真冒險的能量，出發呀！你的目標理想呢？全都泡在酒精瓶中、全都在煙霧瀰漫中，那是靈魂在自找死路吧！

快快出發吧！你這小傻瓜，我看你連傻瓜都不是，是弱者！因爲傻瓜都比你強，我是這麼認爲，或許言語是犀利些，然而對你的期望，希望你能勇敢別害怕，你還有幾年可以空轉呀？沒人對不起你，是你對不起自己，快快振作吧！否則，連我都不想理你了，因爲你不振作，過多的言語對你我都是浪費了，我應該要把時間投注在有心要努力的朋友上，而不是像你這樣無病呻吟的可憐蟲身上，快快振作吧！弱者！我期待你趕快變成傻瓜呢！

親愛的，你仍是那最棒的，你不知，當你在唱歡樂頌時那神采那光芒，多迷人呀！記住那才是你真正的你，別懷疑你仍具魅力，不信你每天對自己大聲說，我是最帥最棒的，說三十遍或三百遍，潛意識下你開始會接受這樣的自己，並積極採取有效行動模式，這樣才是真正的你，你就是你！與誰無關，你要創造亮麗美好自己，我對你仍有具無比信心，就趕緊準備好登上人生舞台好好表現，露臉給我瞧瞧！

傻瓜不會逃避，弱者會不敢面對，先從傻瓜做起吧！至少，你不會逃避了不是嗎？

我真心期待著！

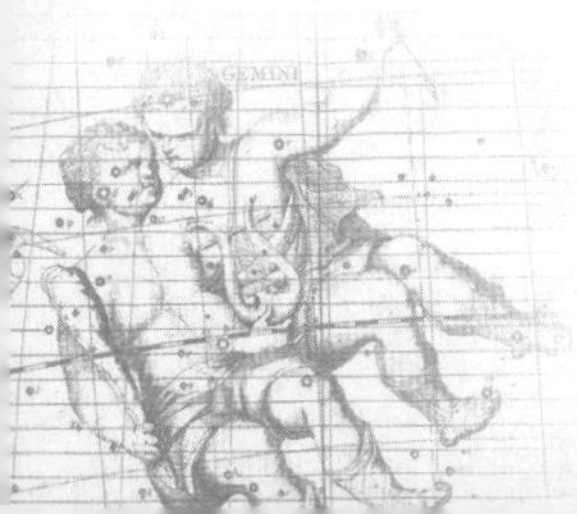

03

妳就是獨一無二的名牌

物質是半成品，真正的名牌是無私的奉獻及永不止盡學習！

虛榮像是穿了一件滿身鑽石的衣服，閃閃發光，尤其是在鏡子前走動那閃耀的光，會迷失對原本模樣的迷惘，漸漸失去自我，現代的人對名牌的追求，對名牌的迷戀，有時真得到了很誇張的地步，我真得很搖頭，真非名牌不可嗎?當季款、經典款讓名人和明星來穿戴，這些全是生意的策略，讓愛慕虛榮的人全中計，這就是行銷呀！真是高招呀!虛榮的人將名牌奉為聖經，打拚加班全都為了這些沒有生命能量的商品，我常想這東西真有這樣神奇的魔力嗎？它不言不語不動，怎能可以能夠這樣癡心迷戀呢？無非就是虛榮心作祟嘛！

這答案，我終於知道了，透過一位朋友介紹，前來算牌的貴婦，全身名牌好不風光，我想她是享受這樣被羨慕的快感，那是一份特別心虛感覺，也只有名牌可以滿足她這一點的虛榮。但她一旦問牌抽牌時，那樣的心神不寧，那樣膽怯害怕，跟她全身的價碼竟也成了強烈可笑對比，她問的是感情問題，我想她的感情是見不得光的，男人滿足她的金錢，卻無法滿足她所要的資格名份，她問可不可以跟這男人結婚，抽到是《劍之七》其意涵是徒勞無功沒有意義呀！

人的欲望無窮無盡，一輩子被欲望綁架控制，難以脫身，一輩子當了欲望的奴隸卻也心甘情願，這是文明世界價值觀的悲哀；我們可以欣賞名牌，然而真正迷戀敗家，比較身價，這是何等的悲哀；我向她說明這牌面的意思，她說她早已知道，沒關係反正我就花他的錢，前幾年我鬧他，要他給名份知道這是不可能的，這幾年我不會鬧了，我心情不好就花錢洩恨，周邊朋友因妳的錢來靠近妳，不是因真心與妳交往，反而背後還會笑妳呢？一位全身名牌的美麗女子，竟也藏著這心酸的悲憐感情，男人不能給的，只好以名牌金錢交換安撫自己的心，至少可以慰藉自己，女人是需要亮晃晃真真實實見得了光地位，因爲得不到名份，退而求其次，以名牌來武裝自卑撼衛面子，那其實是虛榮心作祟，因爲她覺得，那樣就可以在團體或朋友中，顯出特別尊貴之處，以掩飾她是小三的悲哀。

我建議她那些名牌夠了，多多幫助窮苦弱勢的人吧！天底下需要幫助的人何其多，走出去多關懷別人，妳已經不用爲金錢所惱，很幸運了，說不定妳多幫助人，就會有正桃花出現喔！虛榮心轉化成關懷心，對需要幫助的人不要冷漠以對，付出妳的真心多關心別人，別成天在虛幻感情、名牌當中打轉，因爲這樣妳的人生，雖擁有名牌但並不快樂，不是嗎？我要她仔細想一想，虛榮心下這樣的快樂能多真實？這樣的快樂能維持多久？

我認識擁有很多名牌的人，照道理來說，應該是很開心快樂才對呀！然而內心卻依然心煩且極度不快樂，這樣不是很諷刺自己及名牌嗎？還有人說出門，沒名牌沒安全感，就好像沒品味就是沒氣質，我想這是非常離譜的概念，我們都希望有好的生活品質，但並不代表奢華名牌就是好的生活品質；喜歡簡單、有風格，應保持這樣的生活品質；泡一杯茶，使用一個比較有感覺的杯子，那就是生活的品質，因爲妳喜歡嘛！並一定非名牌不可呀！

喜愛美、追求美，這也都是人的天性，一旦落入了盲目的追求，瘋狂的追求自以爲的高貴，我想那真的是要好好調整自己的心態，前陣子報紙報導，有一位貴婦在擺路邊攤，原因是因爲家裡沒錢了，需要她出面賺錢，在太陽底下與別人一起討生活，她說過一句話，以前真的很傻，不曉得賺錢是應該要好好理財，好好幫助人，以前先生給錢，她就趕快與姐妹淘去買名牌，也看不起沒拿名牌的人，現在覺得自己很幼稚，也決定往後要好好面對真實的生活，虛榮呀虛榮，那是最厲害的騙子，那會迷失了生活該有的原貌，我常跟學生說，想辦法把自己當成名牌，也讓人家認爲妳是名牌，至於妳身上穿的是啥？都不重要了，因爲妳叫名牌，妳就是無價，投資自己的學習，貢獻及奉獻給社會，這樣妳就是世界上獨一無二名牌！世界上就妳這一件無與倫比的名牌！

04

凡走過必留下痕跡

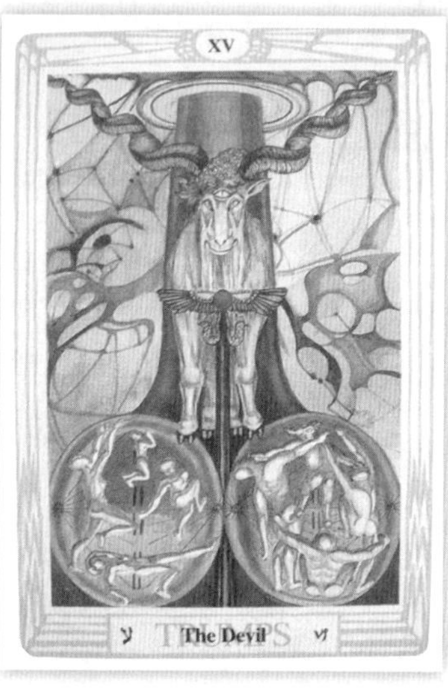

你在思考煩惱，煩惱也在思考你。

風雨來風雨去，能量來能量去，內心世界是平靜的，外面的世界就會是平靜的；內心世界是混亂的，外面的世界也就是混亂的，這一切都是內心投射的景況。剛剛急風狂雨，我開車去麥當勞，並不是餓了，而是想出去透透氣，這幾天天氣不穩定，下了整天的雨，雨刷刷得很起勁，而我正享受這滂沱大雨的場景。

宇宙能量真是教人臣服，正當我享受這當下時候，車子轉彎時一晃神，車子打滑發出怪聲，突然煞車不及失去操控差點撞上對方來車，我嚇得回神大呼一口氣，回家，還是趕緊乖乖回家，回到家想起剛剛驚險的一幕嚇得身體直發抖，嚇死我了！幸好沒事。

幫自己抽牌，抽出一張牌，看看塔羅給我我什麼忠告？我抽到是主牌《魔鬼》牌，它代表的意義，覺知生命就是這樣一切事物會有其限度，帶著幽默來接受和經驗事實的能力，以及因之而來的清晰及洞見，這就是生命。的確是如此，這好像是人生，當你正享受時，或許狀況就會隨時發生，臨時突發狀況發生，會慌了手腳，因爲那就像是你沒準備好台詞，隨即馬上上台演戲一樣，這會嚇出冷汗來的！

常常有人在驚慌過後，腦筋是一片空白，但是在生死邊緣關頭或還在求生意念時，從小到大的記憶也會迴轉一樣，人的記憶瞬間會被啓動，古老陳舊的記憶都會一一浮現，這是自然的記憶喚醒。

「凡走過必留痕跡」，不管事情經過多久，它其實一直都存在，而且也深深影響著自己的命運，所以我常跟問牌者或朋友說，你若一直責備或負面想法，潛意識下就會一直儲存這樣負面記憶。當你不順利時，它就自主啓動妳所儲存的負面記憶，負面的人所思考或所投射都是不信任的及悲觀不看好的想法，其實這是對自己靈魂謀殺殘害呀！

而且我們大多都不喜歡與這樣的人相處接近，因爲會被影響及依賴。負面想法的人，自殺比例很高，從沒聽過正面想法樂觀的人是會自殺或想不開，由此知道，凡走過必留下痕跡，潛意識儲存快樂自信的記憶，這樣無形中會啓動你的好能量，幸運及幸福都會爲你而積極運作喔！

每天爲自己做個正面能量加油站，幫自己加油，也幫朋友加加油，彼此傳遞正面及幽默快樂因子，這樣長期下來就是美麗的生命力展現，凡走過必留下痕跡！那就請留下快樂的痕跡！讓生命靈魂感知愉悅的能量，生命才有真正美麗樣貌！

05 我必須說 你是宇宙無敵最勇敢的傢伙

隨你內心真正的聲響，不隨波逐流，不放縱自己，帶著覺知一路朝自己的內心的聲響出發……

你是一位來自鄉下農村長大大男孩，你們家鄉挺窮的，但你們家更是窮，所以你常常在學校被戲弄嘲笑，更是沒飯可吃經常得餓肚子上學，因爲家裡實在是窮呀！在不到十歲的小小年紀，就懂得體會父母貧窮生活下的辛苦，多麼懂事貼心的小孩子呀！

這麼小，就能看懂也明白這份心意，是多麼難能可貴呀，在你小小心裏面，就知道必須幫助家裡改善經濟，因爲你不想被別人瞧不起，你這小孩子真挺有骨氣的，我挺佩服這樣的孩子，少見的早熟，家庭的貧困讓他更及早能體會及明白，必須比別人更認真努力，才能改善家庭環境才能出人頭地，這麼小的年紀就覺知自己人生要更加拼搏，不容易呀！真所謂人窮志不窮，尤其是現今金錢掛帥的世界裏，權力與金錢是危險迷藥。

你在求學的路上很拼搏很認真，就這樣一路考上了北京名校，你一邊唸書一邊打工，而且在中國前五百大企業做銷售雇員，因爲你非常努力工作，所以你的主管要你不用等到畢業，就直接可以入職工作，當時你一心只想改善家中生活困境，就這樣你書不唸了，捨棄了北京名校，直接去上班工作了，這件事，你一直不敢告訴你的父母，這是你自己做的決定，因爲你要賺錢，改善你的家庭，童年的你被瞧不起，現在你只想賺大錢，讓家鄉的人對你刮目相看。

然而，終究紙還是包不住火，這件事傳到你老家去，父母親聽到了很傷心，因爲這輩子他倆老的心願，就是要你念一所好學校呀！閃耀門楣光宗耀祖呀！你也真沒讓他倆失望，考進了名校，正當他倆老高興同時，你卻偷偷將學業結束不讀了，上班賺錢去了，倆老對你的行爲很不體諒，也不能理解，要你還是要回學校唸書，拿回一張名校畢業證書，那是他們的心願，而你是可以完成他們心願寄託之人，你卻選擇讓兩老畢生心願失望落空呢？！

倆老這次對你提出警告，執意要你這次無論如何，就是還要再進入名校好好唸書順利畢業，別一心只想賺錢，所以你辭掉工作專心唸書，這回你再度又考進了北京名校，真是厲害用功的孩子，全中國有多少孩子要進名校念書呀！你真挺有本事沒什麼事難得到你，這是你意志力全然展現，但是你還是沒聽進倆老對你殷殷期盼的話，這回你是變成一邊創業、一邊唸書，野心更大了呀！長期下來課業顧不了，最後還是得放棄休學了，乾脆朝創業路上奔，創業之路其實很辛苦，尤其對你這樣二十幾歲年輕小伙子而言，在陌生的城市異鄉要拼搏，起頭都是困難的，你不得不又休學放棄不唸書了，這休學之事又讓你父母發現，倆老對你很生氣傷心，想不透爲何你執意如此？

他們倆老說：「這輩子沒要你賺大錢呀！我們家鄉從沒出過唸過名校的孩子，你考上了我本以爲可以光宗耀祖了，你卻跑去賺啥錢哪？」這書不念了，你這小子到底在想啥呀？父母對你行爲非常不諒解，其實我知道你心中，一直有著勇敢的心，你要證明給父母看，給家鄉的人看，因爲小時候窮怕了，被取笑怕了，你立志要賺大錢要衣錦還鄉；雖有時父母親對兒女期待會是壓力，但何嘗你不也是給父母親壓力呢？因爲天下父母要的其實不多，只要孩子平平安安順順當當地生活，時代在改變，觀念在改變，彼此角度不同視野也不同，在你年輕臉龐，一直有著過於沉重的壓力，沉重的能量一直在你靈魂裡，那是來自幼年的壓力，你積壓多年了，你早已沉重背在身上了，忘記卸下，使它成爲你生活面貌一部份了。

我必須說年輕人，你是勇敢的，尤其是這樣的決定，兩度考上名校兩度休學離校，你渴望有一段感情，身邊有一位欣賞你的女朋友，但你希望身旁女友要獨立不能太黏人，呼！這樣誰敢跟著你呀！放鬆一點，你聰明過人，兩度可以進入名校，那是多少全中國讀書人，想破頭要擠的窄門呀！既然你不能讓父母圓這個名校夢，那就等你賺了錢，依你父母的名字，爲你家鄉鋪一條路或蓋一座橋，這樣或許會比你唸名校更有意義多了，年輕人你認爲呢？

過去年幼貧困生活的心酸辛苦，在你心上堆疊積累許多的沉重，也成爲你要出人頭地的養分，這樣是很好，然而，然而談感情不是談拼勁，放鬆點，要不女孩是會嚇跑的，加油喔！年輕人，我看好你的。

這是我看內地的相親交友節目，其中的一個年輕人，發生在他身上的一段故事。我對他，內心靈魂非常好奇，雖然我不認識他，看完節目后，我特意將塔羅攤開，我抽出一張牌，那張是《永恆牌》，我們活這一世，每個人的人生故事都不一樣，永恆代表再生，來自更高的了解，新的開始，找到一個新方式，電視中這位年輕人讓自己生命太沉重壓力了，該重新找到一個新方式，來看待生命，活化自己勇敢的靈魂。輕快往前奔走才是呀！小伙子！

06

妳仍可以驕傲

身體以一種給予及分享的態度來敞開；分享妳的愛，讓自己內在豐富，自然生命中的好運會靠近妳。

我們在外面河堤旁的咖啡廳，第一次見面算牌，妳告訴我，妳想要問有關懷孕及工作的事，我請妳抽牌，那是一張《魔杖四》代表事情需要解決及完成一個結果。我問妳，是不是一段時間沒上班了，妳說是，因為之前作生意失敗了，讓妳很不敢再輕易嘗試生意；我說，那可以先從工作開始，但是妳很沒自信，怕這怕那，跟妳亮麗外表顯然是不同的樣子。可能之前跌跤痛苦的經驗及想要重新再出發的工作能量，還沒準備好，塔羅要提醒妳是，在生命裡，有一些事等著妳去完成，沒有自信及恐懼，成長路上是要完成一個學習解決圓滿生命過程的結果。今天上塔羅課妳告訴我，老師妳的話我會聽，因爲第一次讓妳算牌，我就覺得妳的話真得深深影響到我，我讓那麼多人算過命，就妳的話真讓我覺得走入我心裡面，傻瓜呀！這是我的本分及該做的事呀！

妳是一位驕傲且漂亮女人，年輕時不服輸個性衝動，在生意上讓妳跌過二次大跤，現在的妳沒自信時常會恐懼，怕又再失敗跌跤陰影一直存在，一招被蛇咬十年怕草繩，我笑著說，誰沒跌跤過呢？那很正常呀！沒有失敗哪來的成功，成功是很多小失敗總結的呀！妳若因這樣而開始畏縮害怕，那才是真跌跤呢！這是一份難得禮物，思考反省調整改進，才是面對跌跤的經驗法則呀！陷入懼怕的能量讓自己更沒自信，那真是虧大本呢！性格決定命運，思考深度決定所有的事情完整及圓滿與否，沒什麼好怕呀！人生不過短短數十年，只要肯學習調整，虛心接受勇敢前進，這一路都是好風景呀！人生的歷經比成功更重要，人心的善良跟成功有絕對的關係，我幫妳算牌，可以看出妳是有智慧的女人，只是缺乏自信，只要有人輕輕帶路，妳就可以上路的，我說沒事啦！對自己可以要有信心，那是成功第一要件，妳仍是那位驕傲美麗女子，而且多了一份智慧，妳笑了，因爲我跟妳約定好了，希望妳跟著我學牌，好好跟塔羅相處，從塔羅中妳會得到平靜及答案。

07 一切自有妙因緣

活在當下去經驗生命的禮物，有時是一件事或遇見一個人，可以讓你改變並感恩的就是貴人。

貴人呀！貴人！我們一生一世都盼著呢！最好呢，隨時隨地都能遇見，嘿嘿！我就是貪心這麼想著，這沒犯法呀！這要多想想、多唸唸，貴人可就真的會早點出現呢！我生命中出現許許多多的貴人，有時來的好不如來的巧，妳可能這輩子就與他只有一次交會，而他正是那陌生貴人喔！今天中午我騎摩托車要去加油站加油，當我加滿油發動車子，哇！發不動了，剛剛還好好地沒問題呀！這下可真爲難了我，我對車子一點辦法也沒，加油站兩位好心員工都來幫我拚命踩呀踩，小車車像不動明王，一動也不動，沒有感覺我平常對它愛護有加，這下還跟我鬧脾氣，真糟糕呀！因爲我正要去一個很重要約會，這下慘了，我害怕這萬一車子還是這情況，我該怎麼辦呀？

這時我的貴人出現了，有位年輕人滿臉絡腮鬍，悄悄停在我身邊，我認爲他是有意停下來，因爲剛剛我發生這狀況時，他還沒出現在加油站呀！他很熱心幫我拚命踩呀踩，但是小車車依然故我，不動就是不動，這下給我出狠招，我慌了，真拿它一點辦法都沒有，我很不好意思，趕緊說謝謝，因爲不想耽誤別人工作或行程，這是我很不願意及罪過的事，我請他不用幫我了，我自己想辦法就行，但是我還是要準時赴約呀！這下可怎麼辦是好？當我想破頭還想不出好辦法時，我不知剛剛那位貴人去加油站身旁附設贈品屋，當我走進贈品屋，問剛剛幫我發動車的加油站好心員工，這附近可有修車廠？他說了好幾家，但是都有點距離，而我一聽心想這距離好遠，這下可難倒我了，這時我眼睛一瞄，剛剛那位滿臉絡腮鬍的年輕人還在耶！我只好厚著臉皮，再度請他幫我，那位好心年輕人，我只好再次開口請他幫我去找修車廠，我臉皮還真厚呀！沒辦法，若他當下拒絕我，我也不會感到失望或難過，因爲這本來就不關他的事呀！況且他剛剛也幫了我，真沒想到出乎我意料之外，他答應了，他不但去把修車師傅找來，還親自把修車師傅給帶來，那時我真的好感動喔！說不出的感動！我把名片遞給他，也希望他能留電話給我，日後他有什麼需要我幫忙，我請他一定要找我，讓我可以有機會回報他。

我真心謝謝他這麼熱心，幫助我這麼位陌生人，他很客氣說不用啦！這沒什麼，然後就像一陣輕煙飄走了，妳說，這神不神？我的身體開過大刀，所以是無法承受重力及重量的，然而，每當我發生困境和危急事情時，就會有陌生貴人出現來幫我，而且已有數不清幾回了，現代社會其實還是處處有溫情的，人性基本上還是善良可愛的，只要我們願意隨時隨地關心、及時協助比我們需要幫助的人，這社會便會更溫暖及可愛，不是嗎？

謝謝您，這位貴人，也謝謝佛菩薩，謝謝我的大老闆老天爺，在我生命中出現這樣各式各樣的貴人，這樣及時有效率來幫我，就在我無助心慌的時候，我真心謝謝您們！

今天早上，抽到一張牌是《杯之九》，代表快樂、對幸福期待的滿足，其實生命並不需要去滿足我們的期待，而是我們自身要去創造幸福快樂的畫面，去發現、去展現，生命中真的有很多善能量在我身邊啓動，有很多的愛在我身邊纏繞，無形化成有形來幫助我，那麼多人騎車加油，單單就他一人願意爲我，不是別人不願意，而是我知道會有人來助我，當下一個就足夠了，真謝謝他，謝謝大老闆老天爺助我，一切自有妙因緣！貴人我愛您！我敬重您！而且我這一生也一定要當別人的貴人呢！

08

別讓猶豫摧毀妳的心

不要將生活過的無感，生活是需要覺知及感知自己，喚醒生命靈魂，這樣的人生才是眞正有味呢！

今晚在一家小酒館幫客人算牌，沒想到現場等我客人還不少，不過其中有一位客人倒是令我印象深刻，我也有點替她擔心。

我幾乎很少詢問客人要問的問題是什麼?我只要客人專心將問題告訴塔羅就行，讓塔羅能量與客人能量連結，讓客人專心抽牌問牌，而我就是將牌面的意義，誠實解牌給客人，知道明白其中的道理，將塔羅指引的方法告訴給客人，並且協助客人可以更了解其問題的解決方法及態度，還有真正要學習的人生功課，見她手一直來回的游移，小小心心抽牌。

抽出來的牌，看得出來她滿腦子是想賺錢，可見錢成爲她心中的壓力，愛花錢不會理財，只懂享受不懂節約，導致她身邊一直缺錢，錢坑愈來愈大、愈大愈害怕，即便是如此景況，愛花錢的壞習慣還是一時改不過來，依舊還是愛享受，這樣典型的人很多，一直害怕躲在問題背後，又一面製造相同問題，矛盾而不自知的人通常都是這樣，我常說這樣的人對生命是無感的，非要碰件大事情，才會有可能改變，否則會一直躲在自己的洞穴裡，她知道惹麻煩，躲了一陣子看見外面晴空萬里，就又開始不安的蠢蠢欲動。

同樣麻煩問題還是會一直來一直來，躲得了一時、躲不了一世因爲學不會，直到問題將她搞到昏沉無力，能量乾枯而罷手，通常這樣行爲的人，旁邊或多或少都有一兩位寵她、不忍心她的人，將她慣壞，好運的話碰到貴人，從此覺悟振作，改掉壞習慣，從此展開對的人生態度。

她抽出的牌面，幾乎都是盤牌，塔羅要我告訴她，其中有一張是《盤之十》，那意義是可以從活在當下，一步步去展開內在或外在的財富，要覺知目前的狀態的確要重新改變，只要一步步真實展開行動，這方面是指她必須真實的節約，不要再過享受花錢的生活，這樣她更可以獲得更多的愛及友誼，只要她別在猶豫、別在懷疑，下定決心要努力賺錢，把錢這件事，好好學習、好好研究，這樣她不僅僅可以得到財富，而且也可以改掉愛花錢的習慣。

可以利用白天時間，做做小小生意，或者好好學理財，但千萬別想一夕致富的景況，要不任憑自己害怕但又不改進，久而久之她將會被自己財務摧毀擊垮，只見她點頭如搗算，一位外表充滿自信女生，誰知道她內心世界是如此害怕，她在害怕錢這件事，我請她安心「塔羅牌」知道妳的內心，對於賺錢要一步一腳印去行動，分析及理性的思想來衡量事情輕重，其實她是可以獲得財富，去執行一個改變自己的理財計畫吧！

別一有盲點就開始猶豫了，猶豫時就會讓行動力停止，在猶豫前面應該有一些分析，若方析情況不適合或有些勉強，我想那也不要猶豫就直接喊停，因爲這樣根本就讓事情不可能會有好的結果啊！

我常常跟學生及客人說：「塔羅沒有不準過，只有當事人不配合而已。」，朋友您如何看待事情與自己的對應關係呢？很重要的關鍵點是不要將生活無感，勇敢前進生活是需要覺知喚醒自己！那樣的人生才有味呢！

09 決心逼自己，有時挺好的！

人生就是一場未知的冒險，有人會事先知道結局，你現在不逼自己，將來現實會反過頭來逼你，逼自己，還可以稍微喘息，現實逼你，那你就無路可走、無處可逃呀！

逼！是因為你已來到，別人都看得懂你窘困地步，然而你卻還渾然不知，你在大陸工作已十年，每年都聽你說要創業，每次回台灣找老同學聚會聊天，你都是講同樣一件事，大夥已經聽了十年了都聽膩了，你還在老掉牙的事上打轉。

人家誰誰的孩子現在都高中生了，你還在老樣子原地不動，還是每年從內地回來都還在講，像唱片機卡帶卡住了動彈不了；你要有決心啦！都已十年了，下個決定真有這難嗎？這是我剛剛在咖啡廳幫人算牌，隔桌兩位中年熱血男子對話，因爲有些激動，所以讓我這局外人，不小心聽見了，也著實讓我上了一課。

「十年」了下個「決心」，這麼難嗎？既然十年都沒下決心，又何苦念念不忘呢？一定有其他考量的因素，也是某些人的人格特質，舉棋不定的性格時常搖擺，其實這樣的人，我認爲是不適合創業的，因爲人格特質不果斷，在商場上分秒競爭的遊戲規則下，這類型的人心不夠強大，猶豫不決時就會錯過了好時機，因爲沒效率！而且朝夕令改這樣的人，別說創業就是買商品恐怕也是如此，優柔寡斷成不了大事大局的。

在咖啡廳偷聽的對話，很明顯兩人人格特質差異甚大，性格對比非常明顯；兩位好朋友一個積極，一個優柔，明顯造成不同人生格局，見他有決心果斷的朋友一直勸他說，要做就趕快出來自己創業，你已講了十年，我也勸你十年，這也是最後一次勸你，口袋有點錢，那就趕緊出來，在遲疑就要花更多的錢及時間，況且這行業，還在熱門當道時才有錢賺，而你還在猶豫，下不了決定，更何況是，你人都在大陸十年了，而且很了解大陸市場，看你身邊熟悉的人賺那麼多錢，你呢？還在猶豫原地踏步，還在猛問狂想停滯不前，這樣下去怎能成功，適時的逼自己一把，不要讓自己後悔莫及了。

我非常贊同那位積極型的男人說的，這就好比是你這輩子最愛的男人或女人，有可能成爲別人新郎或新娘的時候，甚至發了喜帖，你還會奮不顧身爲了愛，不顧顏面搶回到手嗎？這就是決心，輸贏先莫管，勇敢一搏又何妨呢？間斷性聽完他們的對話，我的感受是，沒下決心也無所謂，很明顯，他是不適合自行創業類型，我也決定爲這位優柔果斷的男人抽牌，當下我抽出就是《劍之七》及《劍之八》，跟我想的一樣，靈魂本質是猶豫、不果斷的本質，難怪他會在這樣的事情上一直停留，徘徊裹足不前，這就是他人生該學習的課題之一，不願勇敢放棄，卻又在原地繞圈圈打轉，頂多十年后你們又回到原來咖啡廳，點了同樣咖啡，再談同樣創業話題。

世界不會因你而改變，當然你的人生還是跟前十年一樣，場景甚至更退步，而你這位仁兄，到時候多的是增加幾條老人斑抬頭紋或抱怨唏噓之類的贈品，決心就像是瘋子，別人都以爲你瘋了，不可能的事，你一如以往，往前衝往前走，別的競爭對手有五萬籌碼就衝了，你手邊有五十萬籌碼你卻依舊在徘徊，這就是下的決心不同，力道也不一樣，生命故事也會不一樣。你見他五萬元就起跑創業是瘋子，而你有五十萬卻原地不動，他認爲你才是瘋子，哈哈！我認爲你成不了瘋子，卻成了瘸子跛腳了，跑不贏對方了；你對你自己人生下了什麼樣的決心，你的人生就怎樣回應你，爲自己人生下一個決定去拼搏，生命的故事會是可歌可泣的，決心逼自己，有時挺好的，不是嗎？我認爲！

10 活出自我價值

它是一條自我探索的路，你可以決定及創造美麗的雕刻人生藝術品。

妳很早就結婚，也很早就離婚了；一個年輕單親媽媽，要擺脫前夫糾纏，帶著年幼孩子，離開傷心地，到異鄉來打拼，這樣的改變才有轉機；其實能有這份堅強，真得是很不容易，一邊要賺錢一邊要帶著孩子，生活哪有那麼容易？孩子在成長階段身體及心靈也因爲妳，忙於工作疏於照顧，孩子行爲舉止開始出現反彈，言行舉止都跟一般人不一樣，思考邏輯也都是荒繆荒誕不羈的。

妳是一位好媽媽，妳覺得對妳女兒有一份欠疚，所以妳一直盡妳可能來彌補對孩子的虧欠，這也造就孩子對妳十分依賴，都快三十歲的人了，也不是小孩子了，生活料理全都需要妳，妳是妳女兒的安全感，也是索愛的唯一對象，我有時在旁看了妳女兒，成天喊著：「媽媽這！媽媽那！」我在旁都會看不下去，但妳還是有耐心應對，真是一位好媽媽呀！

善良的妳，總覺得是妳年輕不懂事，造成孩子這樣狀態，我想妳想錯了，生活是辛苦現實的，孩子應該要體諒妳的辛苦，妳並沒有虧欠孩子，命運讓妳們母女倆綁在一塊，妳真得很盡心盡力，若妳老是被虧欠負面想法綁架，那麼妳女兒永遠無法真正懂妳的辛苦，也無法真正長大懂事，她都快三十歲成人了，也是該放手了嗎？

試著讓她來照顧妳，試著讓她來體諒妳，妳應該要有機會給孩子，讓她學習付出，別成天像老媽子，成了女兒專屬傭人，這樣連我都看不下去了！那天我跟妳講一段話，妳一聽就流淚了，我請妳抽牌，那是一張《杯之八》怠惰的意思，覺得自己在感情上被榨乾或乾枯，精疲力盡或昏沉無力，這不是妳現在的狀態嗎？累了，妳真的累了，需要放手休息囉！

因爲妳懂我在說什麼，放手吧！祝福孩子，讓孩子單獨去跌去撞都好，孩子才會學習保護自己，也才真正懂妳的辛苦呀！這對孩子的人生是一個很大的影響，試著放手看看，還要爲生活奔波的妳，不管是外表或內心，我都看出靈魂都在爲妳哭泣，別對自己沒信心，也別對孩子沒信心，這輩子每個人在世上，都有自己的一門功課，妳這本功課的確是難寫點，但真碰上了，莫灰心，妳身邊一直有很多好友，這是妳的最大財富呀！

沉澱下來，對未來依舊還是要盼望呀！別日子一天天過，妳也一天天膽怯，不要怕呀！年齡不會是問題，累了就讓自己停下來，讓心關機吧！好好整理自己，妳的憂鬱不會是妳該有的顏色，活出真正妳，也讓女兒負起她自己的人生責任，這才是活出自我價値呀！別試圖制約自己的人生，人生的價値是來自很深層的模式，其中一部份就是叫「放手」！妳懂放手嗎？真正的放心的放手？試著吧！我真心期許期待妳真正放手！

11 格局

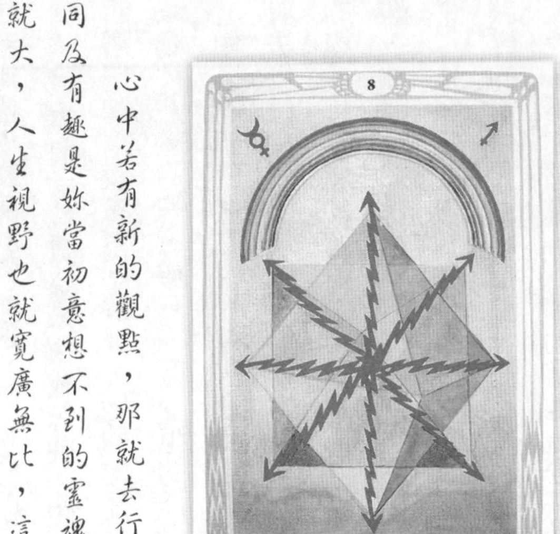

心中若有新的觀點，那就去行動或溝通，那樣困難就會消失，並且會有不同及有趣是妳當初意想不到的靈魂力量支撐妳想要改變的一切；心量大，格局就大，人生視野也就寬廣無比，這一路的風景也才會春夏秋冬之美全盡在你眼底……

妳說許久沒禱告了，倒也不是有特別信仰，只是想讓心靜下來，有好多的對話，所以妳就選擇與神對話，與神談心，家人朋友對妳的深切的期待，妳得趕緊努力，用心爲大家服務，每天都會有新的事情、新的挑戰及執行選擇，理性的妳、反骨的妳，已經習慣要獨自面對所有，這樣的生活妳也習慣了。

獨立思考，是訓練自己選擇判斷力及決定的能力，因爲成敗自行負責，存在的價值，幾番辛苦波折也是必然的，不負責任的人生也是妳不屑；走吧！走吧！勇者無敵！仁者無懼！往前放膽的邁開大步向前走！

今天有一位貴婦來找我算牌，因爲是熟朋友介紹，我們很快就熟稔，她將事情告訴塔羅牌，我來幫她解牌，她抽出好幾張牌，我看到一個關鍵是，從她抽出來的牌面是《魔杖八》的牌，顯示一個受阻的能量立即會得到釋放，或是一個困難會被解決，自己心中若有新的觀點，那就去行動或溝通，那樣困難就會消失，而且我發現，自己人生的看法也已在改變當中，那對妳未來方向是有很深遠且具意義的影響，過去我們習慣做事的模式是需要被改變了，過去思維模式已被超越了要面臨新的挑戰，對你來說會是困難，然而反而是注入新的觀點在改變妳自己的未來。

妳一聽就告訴我原因，妳來問牌的原因；是原來她一手創立的餐飲公司，被她一手教導的親信大臣給複製，並且將內部員工幾帶走好幾位，自立門戶跟妳打擂台，這就是人性，不知感恩，以爲創業是這麼好做事的，既然已發生，那妳以後要注意員工條款及福利方面的調整，讓員工可以分紅，或當你店裡的股東，讓員工可以安心替妳賣命，因爲她們覺得這對她們是一個好保障呀！

妳說對呀！有員工才有今天的成就的妳呀！所以別氣了！祝福她們那票離開妳的員工，因爲妳是她們的貴人，至於商業手段如何，那妳自己要更用心經營才對，聽完我說的，她放心了，釋懷了；天下無不散之宴席，樂觀以待，更何況天下的錢，賺不完呀！留一些給別人賺，不也挺好的，不是嗎？這就是心量格局啦！

天下之大，我們何須因爲一點點小事困擾、干擾，退後一步，莫加入戰局，讓別人可以更好，也是我們要學習真正「欣賞」的人生觀，隨時隨地幫別人加油，其實也是在對自己加油；心量大，格局就大，人生視野也就寬廣無比，這一路的風景也才會春夏秋冬之美盡在你眼底。

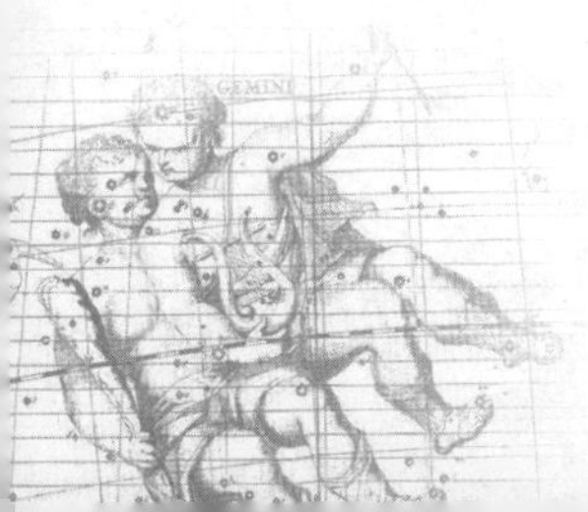

12

這一刀別劃得太快

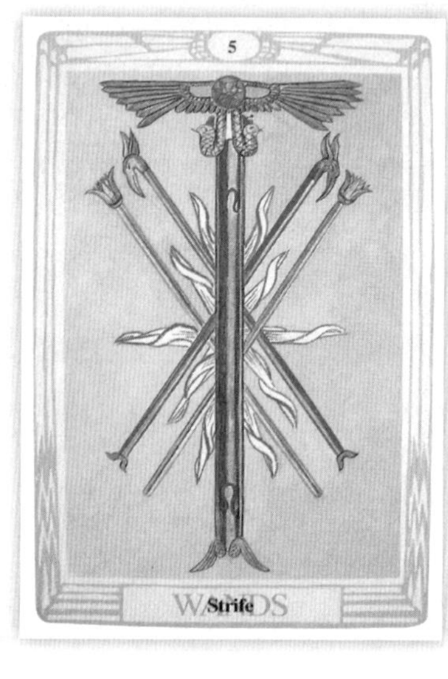

對人生要有一個固定的架構及見解，溫和的建議及嚴謹的自我思考，別輕易讓情緒駕馭你，而失去大好機會……

妳是公司的重要人物，面對大大小小的事，都需要小心翼翼再三思量，再來做決定，然而當面臨重大決定時，請當心留意，這一刀劃下去，是對是錯是福是禍，心是需要極度冷靜；人永遠都是活在選擇及判讀之間，當面對重大決定時，一旦決定了，就要與這個決定有生死之交的情懷，那是一份重要的態度。

妳來算牌，想要了解自己的工作狀態，妳有些委曲，我請妳抽牌那是一張《魔仗五》，那是難題衝突困難，能量被受阻了，這一次妳因對公司老闆某些事情，提出妳的看法，相當犀利的語氣，向老闆提出公司目前危機及該改善的問題，妳拋出的問題非常真實且犀利，一般老闆是受不了的，公司都是老闆在教訓員工，怎麼輪到妳跟老闆說教了呢？

我知道妳心急，因爲客戶一直反彈，在市場上行銷，若評價不好，很快就會陣亡，同業的圈子其實是小且敏感的，知道妳求好心切，妳急了，說話語氣讓老闆有些招架不住，我說這一刀妳劃得太快了，當事人心裡沒準備好，傷了人更傷了自己，正所謂吃力不討好，就是這麼回事。

舉例來說，唐太宗每次都想殺忠臣魏徵，因爲魏徵太直言了，往往讓唐太宗一時之間無法招架，他是一國之尊，那能承受底下的臣子對一國之君的直來直言，要不是他英明，這位這位老人家頭腦夠冷靜清楚，也了解魏徵對朝廷忠心耿耿，要不，這魏徵早就人頭落地了，那能在歷史上留名呢？唐太宗每天都在做要不要一刀就殺了魏徵這個決定，如果讓他老人家火大，他貴爲一朝天子，集天下之大權在身，然而，唐太宗深知魏徵是忠臣，對朝廷及他都極爲重要，唐太宗不敢貿然下這個決定，殺魏徵這件事，每天在他心中起伏，然而，他始終都沒下這決定，難怪大唐帝國在歷史上，唐太宗是英君，唐朝最興盛的時代就是唐太宗世代。

我舉這個例子給妳聽，希望妳能明白，有些事先別說的太快太激動，一般人是招架不住的，即便妳是好意，後來要再來做修補或解釋，不是憑添自己的麻煩嗎？有時先別著急著做決定，不回應，冷處理，看看事情的發展再來做決定，妳跟我說妳懂了，但也來不及了，因爲妳已提出辭呈，也跟老闆表明不改善就離開的想法，這間公司讓妳發揮空間很大，但妳還是敗在自己的心急，我勸妳對人生別急著劃刀，一刀劃下表明楚河漢界，當下妳是滿足妳的情緒，卻也輸了整盤的棋呀！

想好對別人及自己都有好的影響及助力時，再來緩緩細說，看場合說，切忌這刀子莫劃的太快呀！尤其是當意氣用事或腦袋不清楚時，就閉嘴！別開口說出任何的決定，那會誤事，妳雖然優秀也很忠心，若能更冷靜那才是真正人生的好演員；在劃刀前多想想，思考思考，絕對是對自己及所有的發生是有益的。

13 陽光總在風雨後

事物的存在的方式，一定會改變，有時是無可避免；學會彈性，釋放及轉身，那才是眞自由……

調皮不乖，倔強無知的妳，這次真跌了大跤，起不來也不想起來，就像在草地裡任由人踐踏，妳失去了鬥志；妳開始懷疑起自己以前那麼勇敢是白痴嗎？是白痴才會這麼勇敢吧！乾脆把自己靈魂賣了，無所謂的堅持、無所謂的理想，反正沒人在乎妳沒人稀罕妳，在乎是妳的錢、妳的社會地位，妳以爲妳是誰？現實就是那麼殘忍，連最親近家人更是如此，家人就等於是錢，錢就是家人。

妳說過去的妳太天真了，自以爲可以做到讓大家都滿意，妳來找我算牌，吐了丟了半邊天的怨氣，我說那抽牌吧！看看塔羅對妳的怨氣有什麼樣的想法，抽出來的牌是壓抑《魔仗十》，那是被壓抑的能量，覺得自己被壓下來或束縛，甚至是沮喪憂鬱的，我說錯了，妳大錯，妳一開始就是失去自我，拼命滿足別人，但妳一直疏忽自己，已經很久沒有愛在妳身上流動了，人人都需要愛，妳拼命給別人卻不知自己正匱乏的厲害，妳在討愛，從錢裏才可以找到妳存在價值。妳沒有錯，家人也沒錯，錢是兩面人，扮演好人也扮演壞人，就好像妳看到的世界有正邪兩面，有人說我不要爲了錢嫁人結婚，但父母卻希望妳找一個更有錢的男人，妳不聽，其實誰也不會聽，因爲那會讓妳自己覺得是勢利眼討厭鬼，妳正碰巧在這例子，先愛自己也同時愛家人，愛別人同時也要感受到自己對自己的愛，回饋給自己，那才是真心能量流動。

起來吧！弄懂就好，命是自己的，運才是自己手裡，莫怪自己，就當前世欠的，趕緊收拾趕緊清償，下輩子別再如此；況且這也是妳願意的，怪不了誰，其實妳沒有錯，就是心急口快些，負面的情緒會引起自我的憐憫，那都正常，沒事的，誰也不欠最好，陽光總在風雨後，太陽會出來照亮溫暖妳這傻女人，起來吧！心上灰塵拍一拍，別多想了，先愛自己，妳就是那迎接陽光的美麗小向日葵呢！

14 幫自己買一張加油的門票

當妳離成功，還有一小段路要奔……此時的妳，容顏是美麗且散發自信的能量。

我發現妳的勇敢異於常人，但我也發現妳的勇敢是假的，作用力與反作用力，力量是一樣大，妳沒做錯事，就算做錯，那也就讓它錯吧！事情沒那麼糟糕，別將自己帶入那發臭可怕的深淵，莫慌！試著練習先將心一步步穩住，平靜和緩，而不是像現在這樣脆弱的令人不捨啊！

妳的家庭出現了風暴，極有可能出現令人痛心遺憾事情發生，妳無助不知怎如何處理？家中長輩兄姐，似乎都還沒感受到這「風雨中的寧靜」，隨時隨地會發生的狂風暴雨，過去舊有模式一直輪迴，長輩強勢過度控制涉入，婆媳間的不信任，看得出這家庭，大家都是個人英雄主義，說不得也不願彼此妥協，漸漸關係冰冷了，漸漸大家不願意碰面，因爲連僞裝都懶了。同住一屋簷下，天一亮，就想辦法逃離在外面閒晃，這個家，沉默了冰冷了也枯萎了。

全家族，只有妳關心及害怕著外面的閒言冷語，妳平白無辜受氣，家中先生給妳的壓力及公婆的壓力，連我聽著也害怕，不知會會發生什麼情況會是壓死駱駝最後一根稻草，一步步走向死亡之路，沒解嗎？有的！只是沒有人願意承認及看見這家有問題生病了，到頂了；希望妳不要把事情想成這樣惡劣，放下吧！親人大夥可以住在一起是多麼難得的緣份，人性就是有時不怎麼可愛，對自己親人是嚴厲且不信任，何苦呢？親人又不是外人。

妳來算牌抽出一張是《教皇牌》及《塔牌》，它代表的意思是，舊有模式要都被摧毀了，妳需要找回自己的權威及力量，從牌面就可以看出，妳是敢愛敢恨的人，踏出一步，先搬離那個家，離原先的家不遠處，找個臨時租屋處居住，隨便家中長輩怎樣想，有時無情反而是給大家反省思考的機會，大家先舒緩彼此情緒，妳們夫妻倆不是不孝順之人，這點我們都很清楚，要不妳們這樣與父母親關係緊張，這樣還能撐多久呢？別老只是無奈，我明白妳的個性以及妳是媳婦身分上的爲難，不要太悲觀了，生命主題難題一次全上演，過去妳的勇敢呢？此時怎麼不見了呢？

爲了家庭爲了先生孩子，妳辛苦了，簡單點放鬆點，試著溝通說一說心裡想法，若會造成混亂風暴，那也會是暫時的現象別害怕啦！那就讓它發生呀！有破壞才有建設，大家都不說，對外放話那才傷呢？妳婆婆是傳統舊社會的女人，她不是認爲妳不好，而是婆婆一貫防衛性過強，所以對妳造成傷害，她並非是有意傷害妳請妳善解，其實婆婆這樣，對她來說一點好處也沒有，不過那就是婆婆一貫的習性不是嗎？

妳是好女人，可以勇敢可以溫柔，我們大老闆老天爺會來幫妳的，幫自己買一張加油的門票，加油！面對生活中給我們逆境考驗的人，其實都是在幫助我們成長的人，大聲對自己喊加油三百遍吧！加油！加油！加油！

15

鍊金術的人生

未知的人生旅程，對某些特殊使命的人，靈魂都在極冷極熱下兩端間擺盪生存，是使命也是藝術。

我知道改變和心靈的成長並非是容易的，尤其妳的成長過程是一路孤單艱困，前些日子，房子被法拍被銀行追債，先生與孩子都不在身邊幫妳處理，妳一個人頭一次寫答辯書上法院，爲得是看能不能保留住房子，這是唯一僅剩一點財產，萬一房子保不住，那恐怕就要開始找棲身之地，所有的事全都妳一人負責，先生與孩子愛莫能助，唉！彷佛這家就只有妳一個人，其他人似乎都不緊張，早也習慣了這樣的狀態，能者多勞，多勞者能者，家中大大小小的事，都妳在面對處理，先生只會耍耍嘴皮，孩子也不能體會目前家庭的困境，這點讓妳很無助無力。

家是共同的，若妳這方鬆手，那就是散掉了，女人真得是安定社會的重要力量，妳來算牌，就是這樣跟妳說明，這是必經過程，幸虧房子最後保住了，但隨即又發生另一事件，房子最後還是便宜賣給別人，身邊僅存一點點現金，我想大老闆老天爺還是疼惜妳的，發生這一些戲劇化的變化，自己得透過受苦及困難來蛻變，這樣不舒服的運作過程，這是你抽出主牌《半吊人》及《藝術》這兩張主牌，我的理解，這樣戲劇性的改變，你必須坦白自己的懦弱及不安，燥進及空轉，

但妳也必須坦然接受，在最糟糕情況下，好似一個人在黑暗中孤獨走上一條反省之路，改變過程中，妳花了許多時間與自己對話相處，淨化自己，同時也面對現實世界的考驗及磨難，多不容易的人生呀！

在正負兩極裏，光明面與黑暗面，妳花了許多時間反省及淨心，直到妳來算牌，了解明白妳的人生就是得透過這樣極冷極熱來整合，妳知這就是一項修煉，而且對妳靈魂來說，是它同意並且它很樂觀期待妳的轉化蛻變，妳可以快速通過考驗磨難，像極了煉金術般在極冷極熱下，渴望打造生命的純化及精鍊，細察自己藉著蛻變淨化內在，

我相信妳一定會找到生命中的寶石，而那時候的妳，所散發出的人生光芒，絕對是璀璨閃耀的。

辛苦了，好女孩！辛苦了，好媽媽！這一切的發生，待妳明白時，妳會發現，一切都是值得，因爲這就是妳的人生，妳的人生注定要非凡，就決不能褪色或退步，辛苦了！這一路承受這些苦，不會白白讓妳承受的，相信我！因爲我已看到妳不一樣的人生開展，妳宛如像一隻美麗蝴蝶，拍動著翅膀在人生花園裡漂亮飛舞著。

16 正面能量的尋找

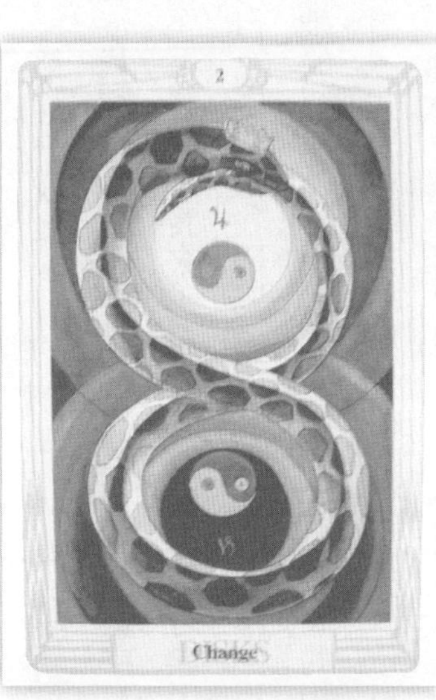

世間上最美最無價的禮物，就是正面的能量；正面的故事，正面的靈魂。

人都會歷經負面、苦痛或被迫的選擇及不想要的生活，人前歡笑、人後落淚，戲碼天天都在上演，無力無助無奈，需要正面思考正面能量來挽救。然而如何真正擁有正面思考，不在輕易容易落入負面陰影？很多人說，運動、逛街、看電影、看書、聊天等……，其實都沒錯，只要對自己有正面的幫助，哪怕只是片刻都好。

但是目前還是很多人有憂鬱症、抑鬱症等等，身心飽受煎熬，很多人每天都丟負面的評價及彼此相互攻擊的語言，身體及心靈無時無刻都處於備戰狀態，強勢的霸道一方猛烈攻擊，弱勢的、無助的就只好單獨無力承受著，爲了生意、爲了討好關係、爲了生活種種無奈之事，必須戴上虛假的面具，搞得醫院身心科每天爆滿，藥物濫用成性。身心科每天大爆滿，身心文明病還是沒改善，大有一發不可收拾的趨勢，那是治標不治本的醫學療治。

心理影響絕對生理呀！而且影響層面非常之大呀！最後可能連身體及家人全陪葬進去，所以真的不能漠視心理所引發的疾病，最嚴重就是發瘋或者是憂鬱或躁鬱，這些都不是願意見到聽到的呀！

最近來找我問牌的，有一位讓我印象非常深刻，就是她來問有關於婆媳之間的問題。我請她問塔羅，她抽出三張牌，其中有一張是《盤之二》，那是一張改變牌，對於與婆婆之間，看來妳需要改變自己的時候了，另外一張是《劍之九》殘酷牌，那表示是對自己內在自我懷疑，內在不安全感；妳說妳婆婆是能力強勢的女人，婆婆很處心積慮用她的想法及方法來介入她與先生之間的相處，甚至還有好幾次，故意無中生有、造謠生事，我說可能是婆婆覺得突然失去一位兒子，又害怕擔心妳照顧不好她的兒子，所以會提供參考，希望妳明白；至於造謠生事，我希望妳不要跟婆婆計較，但要婉轉將此事告訴先生，也請先生花時間去觀察，自然而然就會明白，並花一些時間與婆婆請教，當年是如何持家的。

其實妳婆婆精明，說不定就是嫁入家庭後，才一點一滴學習的，現在妳可以以請教的姿態真心請問婆婆，一開始妳是不願意，然而我請妳回去慢慢一點點改變，妳會發現當我們開始改變了，對方也開始會因我們的改變而改變，而且在妳無法改變別人之前，妳先改變妳自己，相信婆婆也會改變喔！

這是改變定律，況且妳愛妳先生，婆婆也愛妳先生，就不要讓先生難做人，改變是很好的解藥。另外，我深深發現在人與人關係中，容易陷入恐懼及缺乏自信的朋友，容易犯上自我懷疑及否定自己的心，事情往往不是他所想的那樣，但一發作、一思考，就緊繃、心就不自由了，腦中想的都是不好的畫面，一輩子都得這樣陰暗過活，其實這是人生莫大的悲哀，怎解？

給激勵說法那只是半套的方法，急救用的，而且管不管用其實因人而異，甚至有些人還拒絕呢！仔細想想正面能量是什麼？正面能量該如何尋找？而且是對自己有幫助的，有聲或無聲的心靈解藥，找到又如何連結？連結以後該如何進行？

最重要是，尋正面能量引入自己內心燃燒，不讓負面能量在心中沉淪，同時敞開心扉，最終是可以幫助自己勇敢走過難關痛苦，甚至協助與妳同樣有類似遭遇的朋友，看見一片朗朗艷陽天，在心中可以開出一朵朵美麗小花，努力尋找對妳有幫助的方法，然而也希望妳肯敞開自己心房，讓希望及祝福的能量，可以湧入妳的心房，讓妳的心徜徉在愛的能量中，一起快樂的共舞著，相信對妳是有絕佳的幫助。每個人或多或少都有心病，包括我也是呀！說出來沒人會笑妳的，好好把握好機會，蛻變一個更美好的自己、更健康的方法都要去尋找，並緊緊跟隨運作鼓勵自己，妳的生命終會見得天光，綻放出美麗的花朵，在我們周圍身邊若有這樣情況的朋友，我們應多多說正面的故事，啓發心病的朋友，不單單是要養身，養心也很重要喔！

不要總在過去的回憶裏纏綿；不要總是想讓昨天的陰雨，淋濕今天的行裝；昨天的太陽，晒不乾今天的衣裳，往正面能量尋找去！

第二篇　珍貴親情

每天我們都在舊有模式裡思考，生活品質，社會地位，家人關係，七情六慾，見得光及見不得光，都淪落在我們生命周圍陪伴我們，這些全都是表層的生活，請往內心走，聽聽內心深處的力量，該如何壯大及堅強……

01

一切都是小事

當你有了真正的信任，你內在美及信心就會產生，這不是隨口答應的信任，而是超越對與錯的高品質的信任……

如芬是我多年朋友的好友，我跟她是透過朋友介紹認識不是頂熟悉，然而我對她的印象挺好的，如芬是一位個性剛毅，是非黑白分明的女人；夫家在地方上也有小小知名度，公婆也分別留一些房產給如芬及她們的其他夫家兄長大哥，所以公婆還在的時候，這一切房產交辦過戶流程就交給如芬來處理，如芬相當用心在這細節，辛苦奔波在地政士事務所間辦理，爲得是要公婆放心滿意，她是很孝順的媳婦，然而最近就發生一些事，婆婆的強勢態度及對如芬言談中的不信任，這點對如芬來說，是很不舒服及討厭的感受。

當初如芬也沒跟公婆開口要過任何房產，是公婆主動提起的，也是該辦一些行政流程，這一切都讓孝順的如芬去辦理，怎會現在是變成這樣情況，讓如芬及公婆間出現這麼大的裂痕，不信任感覺間，讓她們彼此相處極爲尷尬，七十八張塔羅牌，今天如芬抽出五張全是主牌，這是在我算牌當中極爲特殊的個案，一見牌面先不問妳事情，我知道妳正走在辛苦又不得不走的人生主題上，最後一張塔羅牌面是死亡，走過死亡低谷就是重生的開始。

讓我來協助妳吧！先給自己每天下「人生指令」「啊哈」！事情再壞都不過是如此！小事、沒事！小事、沒事！每天都要期勉自己有勇氣來面對難關及衝突，每天都要對心下指令給自己聽，讓靈魂聽見那是一種自我宣告有作用力的，妳內心中的教皇及智慧女神都會聽見來幫助妳的，親愛的，真的，妳放心！信我！這樣做是對妳有實際幫助的。

每天我們都在舊有模式裡思考，生活品質，社會地位，家人關係，七情六慾，見得光及見不得光，都淪落在我們生命周圍陪伴我們，這些全都是表層的生活，請往內心走，聽聽內心深處的力量，該如何壯大及堅強，唯獨放下不信任放下莫名執著，以愛來照亮自己及阻礙妳的人，這樣事情才能轉圜，甚至圓滿，而不是反而彼此憎恨、彼此互有心結，有人真的關心妳嗎？有人真得在乎妳嗎？有人真得瞭解妳嗎？當煩心的事湧上心頭，負面能量就佔據靈魂，妳就輕易被瓦解擊潰，凡事有其限度發展，妳不應當如此悲哀妳的人生，任由自己走入悲傷的迷宮，找不到心靈回家的路，見妳一直消瘦失去歡顏失去感知，妳想飛想逃離現在的狀況，出去外面過清靜的小日子，即便風吹雨淋都好，就是不願住在華麗但是冰冷的皇宮裡，太多的是非，太多的耳語謠言妳投降了，妳也曾指望親人之間感情會有進展會有改變，但終究妳還是灰心了。

最後一張牌《死亡》，妳莫驚訝，那是一個件事到另一個件事，一個關係到另一個關係，走過死亡低谷，才是重生的開始。《教皇牌》出現了，生命教皇要妳體會經驗這一切生命主題，他安排一位智慧女神住在妳心中，當妳徬徨失望時，妳要經常喚她，她是妳的守護神，用更高的角度看待事情所有的發生，這樣妳才能判斷清楚，而不是在平面慣性思考，陷入最痛苦深淵裡。

加油囉！不要輕易被心中的魔鬼接近，我們都是人生過客，幽默看這世界，放輕鬆看待妳自己及周圍關係，妳會發現，這一切都是小事，沒事！

02

下一個天亮

親愛的，要我如何告訴你，誰都沒有錯，要有勇氣面對生命，當一切困難矛盾都指向妳時，請微笑等待下一個天亮。

我知道妳很想哭，其實妳是不愛哭，一點都不愛甚至厭惡呢？怎奈妳的心迷路了？急於找路，慌張著找路，不知心的出口在哪兒？一直繞著，心慌著繞著，所有的發生都讓妳慌亂了，像失去記憶般的恐慌，像遺失在地圖上找不到的角落，經過多次的打擊及看盡人情冷暖。妳的心冰了、硬了，還有即將死了，要不靈性如妳敏感如妳，看到外頭令人心酸之事，妳是容易被感染而鼻酸對愛敏感多情之人，而此刻如此傷心對生命失望甚至絕望，怎會變得如此？到底發生了什麼事？命運到底給了妳什麼樣的考驗，一向是別人眼中的女強人，但是此刻面對自己的心酸，妳卻連一滴淚都掉不出來，我想妳是不知從哪一個方面哪一個落點傷心吧！從哪一個谷底跌倒就從那兒開始爬起吧！要從哪個傷口開始療癒？妳來到海邊，海就妳在面前，妳想縱身一跳來場完美的結束，因爲妳說妳來自大海就回到大海懷抱吧！

我知道我非常知道，妳好想哭很久很久了，妳想擁抱一個人，大聲使力哭出來，想好好宣洩，狠狠地宣洩，因爲堅強太久，無人理解無人明白，也不知真能向誰說誰又能真懂，懂了又如何？妳的心有太多失落的傷口、妳的心有太多起伏、妳的心有太多淚水，日昇月落月亮悄悄偷偷看著妳，天會亮嗎？會一直這樣陰陰暗暗嗎？妳心裏狐疑的想著，對這世界失去信心失去盼望，這世界有多大呀！就真沒妳呼吸的角落嗎？妳一再問天問自己。

妳來問牌時，全身散發出對人生絕望及想死的念頭，我問問妳發生的事情並小心翼翼敏感觀察妳的狀態，我要妳抽出十三張牌，這是慎重且要輔導的對象，我必須如此去做，因爲連我看了都不忍心呀！這眼前是別人所說的女強人嗎？

怎麼在我眼中是如此脆弱，我一點都看不出來女強人的氣場呀，我得仔細聽妳說明妳所發生的事，我還真得是豎起耳朵聽，因爲妳氣如游絲，妳的身體也正在承受來自妳心裡面，極大的傷痛，事情大概就是棘手的婚姻及親子關係，長期妳都一個人在台灣及兩地飛，先生與妳的相處並不好，應該是愈來愈糟糕，再加上妳的事業也面臨極大的轉型，還有孩子在這時候也出事了，接而連三項，骨牌效應一般，讓堅強的妳開始恨妳的堅強，因爲那都是騙人，歷經過大風大浪怎會在這節骨眼就垮了，其實我一點不意外，女強人是封號，妳一直長期處於孤軍奮戰狀態中，是落寞孤單的，沒人理解的悲哀是悲哀，沒聽過壓死駱駝最後是一根稻草嗎？

事情沒有大小規格，其實在我眼中事情不分大小，只管妳承受的住與否，最主要是長期一個人面對，妳在外面商業戰場辛苦打拼，反而先生及孩子與妳的距離愈來愈遠、愈來愈模糊，心事誰人知。我們都看到大部分外在光鮮亮麗，卻看不見真正內心生活的另一張臉，因爲我們都習慣戴上假面具跟外在世界連結，不得不的無奈吧！因爲外在世界不喜歡真實，外在世界是害怕真實的；妳抽出牌面有三張靈魂告知牌，一張是《魔仗八》，一張是《死亡牌》，另一張是《劍之三》，那代表妳的靈魂正在通過死亡的考驗，妳經歷過非常痛苦的事情，所有的發生，讓妳目前狀態都是負面且憤怒悲傷的，但妳的靈魂還有懷抱一絲希望，希望妳能用堅強改變消沉意志想法，從新的觀點方向出發，用行動及溝通，那困難就會一點一滴的消失，事情肯定是會有好的進展的，天不會一直這樣陰陰暗暗的。

天會亮的，相信我！天真的會亮的！莫傷心，我陪妳等待下一個天亮，我陪妳！

03

心疼

清楚客觀不帶批判，這就不會傷害別人，清晰冷靜的洞察，覺知生命的起伏走向，只要有愛，一切都會圓滿。

昨夜爲了一件事妳傷心難過不已，今天妳一大早就迫不及待來找我，我一見到妳的失魂落魄模樣嚇一大跳，怎麼一夜之間會讓妳變成如此難過的狀態，靈魂像被淘空似的，魂都不見了，只剩身體微弱的呼吸，妳說妳好想逃喔！想逃卻哪兒也逃不了，想哭也哭不出聲音來，難道心麻了，心死了，沒了知覺，就是像現在這般樣子嗎？

可見妳此時承受痛苦是有多麼難熬，一時之間無法接受現在面臨的痛苦，傷心難過骨肉之情，是孩子出事了，出大事了！在這社會價值觀誘惑，混亂狀態都在隨時隨地發生，現今青少年對於價值觀及道德感，其實是很薄弱的，我們都錯了，社會今天變成如此敗壞惡質，我們每一個人都是有責任，人情的現實，欺騙式的誘惑，我們當大人的，也經常給孩子不正確的觀念或情緒化的對話，親子之間彼此關係緊張，關心距離愈來愈遠，當孩子一有不對勁時，其實都已太晚。

妳一直責怪自己沒能力沒用心把孩子教好，所以才導致今天這樣的局面；看妳為孩子傷神，為孩子妳難受煎熬著，畢竟懷胎十月，這心情我完全能明白能懂，我要妳抽牌，看看孩子目前到底是怎麼一回事，並且與妳的關係為何？妳抽了三張牌，其中有兩張牌是這樣呈現的，一張是《仗之王子》，一張是主牌《藝術》這兩張牌我可以看出，目前妳與孩子相處畫面是非常激動，動不動就吵架，很多事妳看不慣，所以妳情急之下，會有很多不當言語，兩人相處模式是對立且尖銳的，教育孩子真是急不得呀！孩子現在就是光明面與黑暗面徘徊，在考驗妳的智慧及耐性。

雖然目前，妳難以掌握及了解孩子的心，然而就是在這兩極端的能量對妳的心會有更深一層的鍛鍊，慢慢來，發生事情時，莫先下定論，莫先說責備的話，聽聽孩子的說法，有時孩子會冷漠，有時孩子會不想說，這也表示是他對妳的愧疚感，一時之間找不到方式與妳溝通；孩子不壞呀！本性良好，只是他在成長路上，因爲個性思考都還沒成熟，因好奇心一時走偏了，好好引導關心他的情緒，相處情況一定會好轉的，妳說妳想要遠離這傷心地方，終究妳還是被情擊垮，尤其是親情血濃於水，孩子捅出這麼大的摟子，妳的確一時之間也無法承受，妳真不願傷人，不願意讓事件往壞的方向發展，妳扛下所有責任，包括一些迷失的孩子，因爲那些孩子無知被利用，他們都是一般所謂人家眼中的問題孩子，但妳的孩子不是呀！那些孩子也不是呀！

他們因一時的好奇及無知導致今天這樣，牽連的還有別人的孩子，這些孩子的家長都不願意出面處理，都放棄這些孩子，只有妳願意負責，妳的孩子還不能諒解妳爲何要如此作法，事情不是他想的那麼簡單，妳靜下心來，告訴孩子，妳要保護大家保護那些孩子，那就是愛！而不是無能或膽怯或自私，這些孩子，包括妳我都願意給無知闖禍的孩子有重新的機會，好好成長、好好唸書才對呀！

倒是妳的情緒沒了出口，捲成了風暴鋪天蓋地將妳吞噬，妳一直想，想找出答案想覓得解藥，這整件事如何處理才是圓滿呀！別人眼中是妳是有智慧的女人，此刻妳像似迷路般的孩子緊張慌亂失去了方向，我知道妳必須十分勇敢通過這些難關，要忍氣吞聲低聲下氣沒尊嚴的面對，也要冷靜且勇敢處理，勇者無敵，這是我對妳的加油期盼，所有問題都會迎刃而解，但千萬別一直死命緊抓繩子，妳現在極度勒緊了自己，先鬆綁自己吧！至少讓自己先能透氣呼吸要緊啊！心一時肯定會慌亂，但處理問題時，裡頭有妳愛的能量在裡面運作，慈悲沒有敵人呀！

這樣的心念之下，事情自然會解套的會圓滿的，與妳分享提供我的參考，妳接受了我的說法也得到安慰，因爲我對妳的心疼，也有愛在那裡頭，愛是所有最佳的解決方案，不要難過了，危機就是轉機，在危險時看見機會，在心亂中看見智慧及慈悲，一切都會圓滿，莫慌！

04 母子關係

上帝無法照顧每一個人，所以就發明了母親，愛之深、責之切，給與適當空間不要過度的控制，讓愛在親子關係中微妙的流動……

你說你跟你母親關係像仇人也像愛人，這是一位大男孩來算牌，告訴我他的迷惑，他說他想要自由，但母親會要求門禁，會要求要將房間整理乾淨等等拉拉雜雜小問題，囉理巴嗦，每件事都不對盤都要吵架，很煩呢！

所以他覺得他很不幸福因爲不自由，但是母愛親情像一條無形的線拉扯著，心矛盾著也痛恨著，這樣情結始終盤據著。他想要離家出走，讓自己獨立，離開母親的身邊，但他知道，他若這樣做，他的母親肯定會發瘋，畢竟他只是十六歲小男生，正在叛逆期，自以爲是大人可以獨立生活了，我們也曾年輕過，年少輕狂 誰不是呢？

我要他抽牌問問塔羅，怎樣來看待這對母子矛盾關係，抽出是《女皇牌》那是一張主牌，可以看出你母親是位慈悲且溫柔的媽媽，但是因爲你是獨子，可能會有過多控制及擔心，所以你們就陷入這種能量動彈不得，親人是一輩子的，關係是無法抹煞，你說我不知道爲什麼我母親爲何要限制我呢？爲什麼要擔心我？我長大了呀！她愈這樣反對我就硬要做，結論是彼此感情破裂傷得滿頭包，傷心又傷財，這是當然現象呀！關係緊張對立呀！因爲彼此立場角色不同，但是都是爲了愛，因爲你當時的情緒是生氣是反對而不是爭氣說理，所以起心動念不一樣當然結果就不一樣，這是我多年來一直非常相信且也視爲真理的一部份，作用力與反作用力，愈加重力道反作用會更強，到最後兩敗俱傷，誰也得不到好處。

我告訴你，希望你明白，沒人一開始就被教育如何當個媽媽，其實現今大部分媽媽都是跟著社會價值觀在塑造孩子，出發點是好，但是社會集體意識下的價值，不一定是對孩子成長有正面幫助呀！相反孩子的想法得不到傾聽得不到需要，在過程中會有很多許多情感上撕裂，每個人都有自己自我意識，誰也不服誰誰也不聽誰，尤其當孩子愈來愈大時，接受訊息的方式太多太混亂，自我意識抬頭，以爲十六歲就是大人，可以面對處理整個人生，尤其是在青少年時期是最容易闖禍，孩子幾乎認爲自己是半個社會人了，尤其妳們母子倆都是硬脾氣，誰都不想順話聽，那關係是可想而知的衝突及冷淡，你以爲好像這輩子就是你媽存心要跟你過不去，事實上誰會那麼無聊，誰要令人討厭呢？都是因爲太愛彼此，才會有這樣情緒發生，太愛了怕跌倒怕吃虧，所以百般阻撓，阻擾了就會有怨，多沉重多不划算呀！

身爲母親的，有時妳就算給孩子仙丹妙藥，孩子也不一定領情，反而會適得其反，那就失去美意，都各退一步慢點表態，基礎點都是愛，終點也要是愛啊！這個線要有彈性有空間彼此拉著，先低頭未必是不對，往大局著想才不會迷路，我跟他說，牌算出來你是一位很幸福的大男孩喔！你生活上的壞習慣及人格特質固執，身爲母親會多說你幾句，那是正常因爲要教養嘛！但是話又說回來，你爲什麼有機會讓你母親唸呢？因爲一些生活起居問題，因爲你對自己寬容，你對自己有千百各理由原諒自己藉口，那是養成的習性，不好的習性就是要改，就像是你，雖花錢進電影院看電影，還是要遵守注意事項規則呀！不能破壞場地等……。

雖然你是花了錢，但並不代表就可以爲所欲爲喔！家是一個維持合諧的地方，有些事還是得遵守，萬一一方因自私而出事了，這家也會失去平衡，就容易散掉了，我笑說誰都想要自由，你母親可以給你自由，但你不能太放縱，不能想說幾點回來就幾點回來，況且深夜問題多，平安回家最好。

人生這麼長久，朋友相聚久久常常，何需一定要弄到三更半夜呀？我說你真得年紀還小啦，討論這些問題，我真覺得幼稚些，你看看最近「林來瘋」的炫風，帶給社會是一股正面能量的好榜樣，年輕人有理想有夢想，甘願忍讓等待好時機，甘願幫助隊友，一起拿下好成績，這樣年輕人的 EQ 有多高呀！這樣年輕人有多受人歡迎及尊敬呀！我舉例讓他了解，也希望他明白，眼光要放遠一點，對社會要有正面的貢獻，那就要從自己本身小小習性改起才是。

05
母愛

獨立、堅強、勇敢、又傻氣地愛孩子，這就是母愛。

又是一位心煩母親來找我，想問牌並訴說妳心情的低落，妳是一位單身母親，一方面要賺錢、一方面又要照顧家庭教養孩子，事情多到妳無力去承接，煩心的事多到妳很想一走了之，是命運相欠嗎？真怎麼歹命嗎？輪迴一直來一直來，這是現代很多單親媽媽的心聲，單親媽媽真得很難爲，蠟燭兩頭燒身心俱疲，像是永無翻身之日。

妳似乎覺得事情一件件發生，命運之手像是永無休止對待妳殘忍永不罷手，妳說淚已流盡心也碎了，放下吧！船到橋頭自然直，妳哭喊、妳痛心當然是可想而知，迷途的孩子外界黑暗世界向他出手，孩子一時迷惘好奇，確也帶來了不堪難以收拾的局面，終究那還是他的人生，雖然妳很心疼，然而我還是希望妳能暫且忍住妳對他因關心的碎念，此刻孩子是聽不進去任何規勸的，不勸你要看開，因爲孩子沒那麼壞，他現在好玩好奇而惹禍，當然他也嘗到苦果囉！

妳也盡其所能一直在幫助孩子，不要放棄孩子，但先放鬆妳自己的心，也讓孩子找機會請大朋友跟孩子溝通聊聊，會有方法解套的，莫急！一但急了你們關係就再度緊繃了，那對現況沒助益只有更壞事，周圍的朋友見妳爲孩子這樣是非常不捨的，母愛有什麼錯？這是一種至高無上的修鍊及付出的可貴情操。

每個家庭都有一本難念的經、難理的情，家務事誰能真正理得清呀！辛苦妳也心疼妳，人呀！真得只是臭皮囊沒什麼可以在意，出事了想辦法解決，因爲目前妳已經盡力了，其它莫多亂想，會有貴人來相助的，妳放心！妳來問牌，直覺就是在孩子關係中出現麻煩，孩子個性正逢叛逆期愛玩車出風頭，在朋友圈又重義氣，人格特質是容易出事型，果然就惹出一堆不好的事，牌面主現一張主牌是《女皇牌》，妳具有慈悲的能量，給予事情很多空間滋養，然而事實上母愛過量，會造成過度給予及控制，那樣的愛，在對方不能理解時，就會產生爭吵對立，冷靜下來，照顧自己及照顧孩子，不要過多控制，若母愛以苦情的角色就容易變成卑恭屈膝，那樣母愛就會令自己卑微痛苦，母愛應該是慈悲偉大。

這點是不容置疑，上帝不能照顧每個人，所以派每個家庭有一個天使，那就是「母親」，母親角色難爲，有人一生下來就失去了母親，從沒看見過母親，有的母親因婚姻不幸福跑掉了，一輩子都享受不到母親的疼愛，那才可憐呢？有的孩子是身在福中不知福，一味討愛卻絲毫不體會母親的辛苦，我要她放下，祝福自己也祝福孩子，其它就先別操心了。

母愛是全底下，無與倫比的至善至美的感情，就如那首歌一樣「有媽的孩子像個寶」，孩子有一天也會成爲別人的家長角色，這是公平的對待，那你是否要好好明白，爲人子女應有的態度及自重呢？愛抱怨的人其實是最可憐又令人討厭的，何必又何苦把自己搞成這樣不可愛呢？不划算嘛！不是嗎？

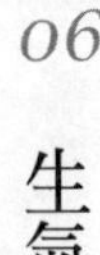

06 生氣

對生活感到不順利或負面的時候，生氣這時就會隨時發作，別人不需要去接受，尤其是生氣時的模樣，那對生命其實是不尊重的。

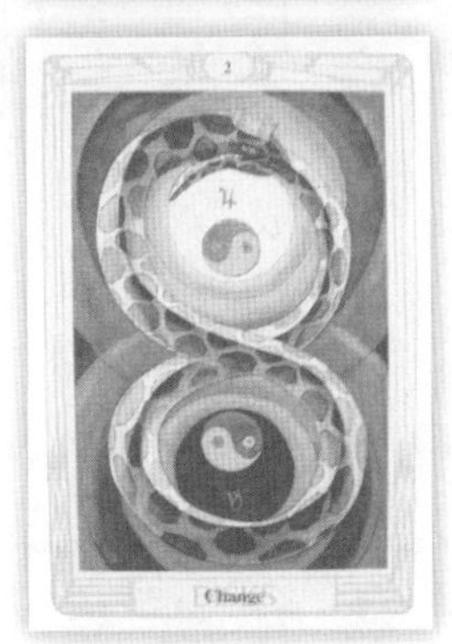

生氣作什麼用呢？不明白爲什麼要怒沖沖的大聲嘶吼，況且也不是什麼大事？過頭了，負能量宣洩過頭了，到頭來換來一大堆爭吵聲及事後彌補的動作，何苦呢？偏偏生氣時，每回說的話就是跟神槍手一般，把把命中紅心血流不止，不明白爲什麼要發這麼大的脾氣？不明白爲什麼要講這麼重的話？妳是要表達妳心中的怒火或是煩躁，但是爲什麼就不好好的說話呢？非得把氣氛搞得烏煙瘴氣，一發不可收拾的場面呢？有什麼事發生，值得發這麼大的脾氣，與外面的朋友相處及交往，別人是看不到妳這一面的，別人也不相信，妳是如此行爲的人，但是爲什麼面對家裡的人卻是要如此，這就是現代人，對內外表裡不一的僞裝，其實，這是一種病態，對內外都要是一樣的，對人慈悲寬容是要一樣的態度，常見就是發脾氣吵架摔東西，搞得戰火四起，一家人都心情不好受，何苦呢？划算嗎？

我認爲生氣是最不划算的一筆生意，怎樣算都划不來，因爲有可能覆水難收挽回不了，有人因此一輩子懷恨，家裡氣氛僵硬，到底在不滿什麼呀？說出來慢慢說，什麼事都可以商量，不要用大聲語氣來表達抗議，妳以爲你這樣做就贏了嗎？我不認爲，彼此情感撕裂更厲害，一家人何必在意及計較如此多呢？不快樂的事爲什麼要做呢？其實我發現，很多的不快樂來自於不滿情緒，那爲何會不滿呢？因爲覺得不公平有委曲，所以氣就頂上了喉嚨，火藥早準備好了隨時引爆，我很想知道妳爲何如此？

妳來問牌說一堆令妳討厭生氣的事情，因爲妳在家排行老二，是女兒，在重男輕女的偏頗觀念下，傳統家庭中大大小小的事，都得妳來處理，從小妳就被歧視欺負，所以等妳出社會，妳就是想破頭要賺錢要存錢，這樣壓抑的性格，造成日後性情比較容易暴衝，讓周邊的人同時也有壓力；妳結婚以後也沒比較輕鬆，因爲先生是大男人，所以妳還是一面工作一面照顧家庭，可能是長期積累的關係，又碰到娘家的事都妳在處理，家中兩老都妳在照顧，所以就變成妳似乎都停不下來，一直抱怨，但煩心事情也一直沒完沒了，就是這怨氣讓你不開心快樂。

我請妳冷靜，先將自己的情緒整理，因爲我發現真的很多的怨氣在妳心裡頭，也請妳抽牌問問塔羅，這樣的事如何能解，有三張牌是關鍵，一張是《生命之輪》，一張是《杯之五》失望牌，一張是《盤之二》改變牌，這一世把妳們又帶來，這是命運的安排，然而，對自己人生失望，心卻是渴望可以改變，我還真發現，愈愛抱怨的人愈愛做，從做裡面，希望得到認同得到肯定，這也沒什麼不好，但這樣方法是很愚蠢的，甘願做歡喜受呀！就像是愛煮菜的人，本身其實不愛吃，但就是有觀眾捧場誇獎，他就愈煮愈起勁，我知道人人都需要舞台及掌聲，但是妳若陷入於自憐自愛，又非做不可的層次上，那妳所做的都是虛假都是無奈，會讓妳不耐煩，很不喜歡聽到，這個家都是我在做，這個家，好像其他人都是廢人，沒人要妳這樣做，放鬆啦！何必那樣生氣，別人幫忙妳又不滿意，別人不幫忙，妳又要生氣，那真得有點爲難。

別氣了！真覺得胸口一把火時，就先去外面深呼吸，大呼幾口，等氣消點，再來說吧！命運有時會捉弄人，愈不甘願愈要找妳麻煩，所以甘心甘願，真做不來請人幫忙，這不也一種方法嗎?方法是非常多，然而停止抱怨。自己可以做，也願意做就先做，不願意做的就先擱著，大家可以討論，妳可以將辛苦的一面，請家人多體諒幫忙，溫柔待人事情會有轉圜之地。

07

你要長大

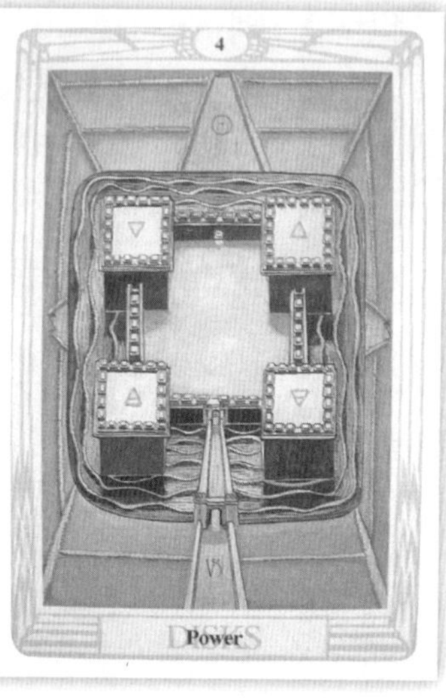

有些事是很為難，是因為立場不同，而不是不關心。

冷靜！平靜！所有的事吃虧也好、被佔便宜也罷！記在心裡，以後千萬別這樣對別人，這才是應有的心態，是一位母親與兒子一起來問牌，母子倆想要了解彼此相處問題，天下父母心呀！母親在我們小時候是必需品，然而在青少年時期，卻變成了過期品，現代孩子資訊太多，相對親人相處互動也具有個人意見，嫌母親觀念落伍，嫌母親嘮叨，孩子你可知有一天你成爲別人父母，你也是會如此的。

我請媽媽抽牌，並幫她整理要問的事情，請她與塔羅連結說說，她抽出三張牌，其中有一張是《盤之四》力量牌，這媽媽跟孩子的關係目前是被限制住了，因執着而產上防衛，這位媽媽說：「是啊！的確我現在跟孩子關係就是如此，我無法跟他好好溝通，一跟他講話，他就不耐煩。」，因爲執著也讓我被限制住了，媽媽又說：「今天晚上孩子怒氣沖沖打電話給我，說我不幹了，工作上被壓榨，春節店裡生意好，老闆沒發開工紅包，過年還要提早去上班，也沒多加錢給我們，你一人要做三份工作，還經常要被主管罵……」，你媽聽你吐一堆口水，都快被你口水給淹沒了。

你的工作是你媽介紹的，你是擔任一家餐廳的廚房助手，老闆今晚進來罵你，爲何工作如此草率？你回嗆：「老闆你沒看見我一人做三人工作嗎？」老闆一看，請主管來幫忙，而且明明我是工作到十點才下班，我上班卡在九點半就被主管打卡下班了，公司好多人都不待了，要離開這樣沒制度的爛公司，諸多不公平諸多鳥事，身體被燙的一疤一痕的，你整個火氣全上來，你說老闆太摳、主管太爛，不符合勞工基準法等……，孩子對妳大聲咆嘯：「妳是要我工作做到死嗎？就因爲那是妳朋友開的店，我才……」，一整團火就這樣燒向你母親，呼！不做就不做，那就照流程走，離職信寫一寫呀！事情就照實說，你母親也好向朋友交代呀！你完全不理會你母親的話語，每次都是這樣不爽了頂不住了，就落跑，只有這一招，除此之外就是給你母親一個難題，其它你不管，你只在乎你的心情，只在乎你的情緒，的確你在工作上受傷，也的確不公平的待遇，的確你受到委曲，然而重點是，好好交代清楚，好好說明離開事實，這是做人處事道理，天經地道不丟人現眼，爲何不勇敢在外表態，只會回家發飆，都成年了，社會上形形色色不公不義事太多了，可以離開工作，但是要給交待，你可以不爽但是不能落跑，有些事你丟了不用善後嗎？個性不改其實同樣的事會一直來，直到你弄明白，說白了，你離職公司也不會倒，你生氣過了，情緒飆完了，還是要找工作。

至於會不會扣你薪水，那是公司決定，你母親不是公司的人員，你跟你母親永遠都有一筆爛帳，成年了，你母親對你也決定逐漸放下了，世界上的一切都需要你自己去體會發現，因爲這是你自己的人生，你要如何去經營及面對你的人生，那就是開始學會自我負責自我尊重，那是人生負責任的態度，而不是口中只會說，我長大了，其它的應該負責面對的事呢？既然你說己長大，就該讓你母親不要永遠周旋在你負面情緒當中隨之起舞。

你要長大囉！孩子！家人能陪你多久保護你多久啊？孩子！你是屬於社會的一份子，好好管理自己脾氣，你現在還小，等你以後有家庭有孩子時，你就可以體會父母的心情及角色難爲，你人生的路還長的很，請感恩周邊所有對你好的人，選擇朋友，好好修正自己品德心性，其它慢慢來，這世界要讓你生氣的事還多著呢！我笑著跟這媽媽說，我們不也是讓人常常生氣嗎？生氣完大伙不也是都在一起說笑聊天，有什麼好生氣的，年輕人荷爾蒙多了些！難免精力旺盛囂張些，只希望孩子明白，我們都曾走過讓人生氣失望的一段，所以你媽媽不會對你生氣，因爲她期待你要平安健康長大，在社會上當個守本分有承擔的好人，這就是天下父母心的期待，你就應該是如此長大！

08

那是驕傲的眼淚

你想要抓住所有的可以，那也是會造成你痛苦的來源……

今天妳打電話來想讓我幫妳算牌，在電話中妳哭得很厲害，妳真的是承受親情極大的壓力，目前情緒及體力無法好好照顧親人，讓妳痛苦，家庭的所有照顧責任全妳一人承受著，不是到盡頭，耗盡自己，妳不會如此恐懼害怕懦弱。

我請妳抽牌也先請妳將情緒暫時緩和一下，妳抽出的牌面有五張，其中兩張是主牌，一張是《塔牌》另一張是《星星》牌這兩張，塔羅代表的意義是過去的舊有模式被摧毀，很多舊有模式一直從妳身上掉下來，請妳不要試圖去控制，妳目前需要靜心，並且相信自己、相信神給妳的啓示，妳需要足夠的信心及信任，妳要看看自己是否是逃避或者是疲累，顯然她不是逃避而是疲累了，我請她先放下吧！一念心盡心盡力，問心無愧，人都要為自己選擇而承擔後果，憑什麼犯錯的人，永遠是不犯錯的人承擔後果，犯錯的人反而是相對無事一身輕，不用面對只管逃避，妳不用自責，或許難過或許心疼或許難安，我懂，但此時能力畢竟有限，體力與精神都頂不住了，台灣很多家庭都是如此狀態居多，永遠有一個人要扛家裡大小的事。

有些親人還會分工合作，但大部分我聽見，都是家中固定成員扛起照顧親人責任居多，責任愈重，被罵被責怪的也最多，這是宿命，不忍心的人，永遠是事件承受著解決者，該負責的人卻閃得遠遠，只會在旁下指導棋，世間有一種孝，是「愚孝」但是也是可敬的孝，能付出是福氣，但也要有機會讓其他家人一起承擔呀！別因為一些藉口，剝奪其他家人應該要負責的部份，休息一下啦！哭一哭也好，那是驕傲的眼淚，我幫妳算牌，發現妳生命中是封閉且緊張的，而且妳好面子，難怪妳願意扛，但總會也有扛不住的時候呀！

莫阻礙別人的付出及成長，有時這是自己的觀念給限制了，它會影響到妳自己及別人的方向，不是其他的人不願意扛，是因為妳剝奪了，所以她們也習慣了，注意自己的起心動念，就某方面來說，妳就是控制了自己，該做及不該做的，妳全包了，妳想要抓住所有好的與不好的，那也是會造成妳痛苦的來源，放掉一些責任及工作給妳其他的親人，他們會接受的，相對妳的照顧責任可以舒緩，也讓其他的親人可以有機會體會或付出，彼此間又達到一個共識，畢竟照顧親人，大家都有責任。誰能說不是呢？

09 帶著答案找答案

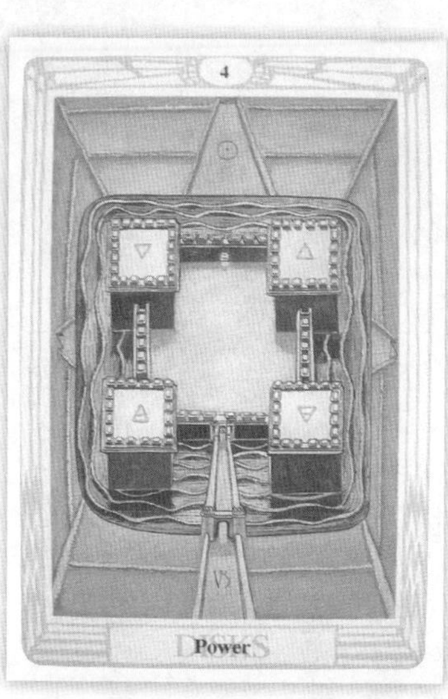

放棄入你內心的成見及怨恨，這會毀滅你的心，而讓自己無路可走……

帶著答案找答案，不需要說服只要影響，我不喜也不願落入，自我劃圈問法及繞路，因爲你還是掙脫不了，振振有詞告訴我，你與你父親已長達二十年沒說話的狀態，你一味想逃避，你害怕面對父子關係，即便你的孩子已經大了，你還是無法與父親好好說上一些話，只在酒精及聲色歡場中，才能找到所謂呼吸，靈魂已扭曲變形，我看見的是小丑哭泣的花臉，點到爲止笑而不語的我，發現你只是透過酒精，才能展現你所謂的假象勇敢及能耐，我早看穿戲法也對你產生同情，同情的原因是我無法幫你，因爲我發現了，我真幫不了，是因爲你的心太堅硬，太固執鎖住了！封死了！

當下任何人都進不了你的內心，包括你自己，只有買醉、只有瞎混，是你目前能找到的所謂快樂方式，這對你毫無幫助，因爲心一直在逃避，你無法面對你的父親。年輕時，你因跟父親吵架，從此就離家，聽說你父親也從未找過你，就當你消失在這世界上，你與父親之間的關係相當緊張，無法切割，所以只好逃離，你離家打拼數年後，某一天回家，你願意回家，是因爲你知道你父親老了，而且你也得讓你孩子知道，他是有阿公的；你在外娶妻生子，也有一份不錯工作，回到離家多年的家，這樣父子間緊張情況還是沒任何改善，無法取得父親對你當年衝動離家的不孝，父親到現在還不願理你，你的父親已高齡九十歲，你們關係還是冰冷，所以你寧願每天陪主管流連於酒店、夜店，就是不想回家，其實你是非常孝順，要不怎可能搬回家了！

你問我該怎麼辦？我請你抽牌，那是一張《盤之四》的牌，代表你的能量被困住了，多年的彼此間的逃避，其實終究還是要有一個出口，其實我發現你是遺傳你父親固執臭脾氣，只是當年是你的錯，你不願按照父親的安排，一言不和就衝動離家，從此沒給任何隻字片語，沒聯繫過任何訊息。這就是錯誤呀！

你們父子之間的這樣矛盾情結就這樣過多年，誰都不願意跨出那條無形的溝，即便同住在一屋簷下，你的固執好強個性，其實更勝過你父親，你已回家多年了，你其實知錯了，但你始終不願意向父親低頭，我向你表明，別再多說你們父子間的事，那些無聊的陳年往事，到現在你們之間還在較勁呀！多無聊呀！多可笑呀！

回去吧！什麼都不用說，趁你父親還在世上，回家泡一壺茶，拿著黑白泛黃的相片，請你父親一張張講給你聽，你們關係也一張張開始回復，我問你可以嗎？就這麼簡單的小技巧，至於要不要做，那是在於你的心，你告訴我，你父親不會願意的，我說你都還沒做呢？帶著答案找答案其實是最笨的，爲家人多做一些事情吧！尤其是老人家，子欲養而親不在，這道理明白吧！都是自己家人有多大的不滿呀？有摩擦其實是難免的，然而今天會成爲一家人，不也是有它幾番的道理，要了解通透嘛！去敲門吧！你父親在門裏等著你泡一壺香醇的親情之茶呢？

10

路人甲老爸

親愛的父親先生們，不管你們喜不喜歡，創造生命給予另一個生命，你就必須用心及愛來維護你所創造的生命……

你有孩子嗎？你跟孩子關係如何？為人父親角色，你是怎麼當這樣角色，面對家裡有一個叛逆青春期男孩子，當你的人生有這樣腳本時，你如何詮釋？是投入其中引導孩子？還是偶爾下指導棋？還是當個冷漠局外人？還是更天兵的當路人甲老爸？

早先你的老婆就一直告訴你，孩子生活狀況怪怪的，在內地工作的你，很少主動要找兒子、打電話給兒子，似乎你已忘了你有個兒子，孩子渴望被愛、渴望有父親的引導，你們同樣是青春期走過來的春風少年兄，你應該懂孩子的心理狀態。

你應該協助你太太，如何處理兒子現在狀態，但你卻以工作忙碌來，塘塞所有的過程。太太來抽牌，面對先生對孩子的奇怪做法，太太想不透，無法理解這到底是怎麼一回事？太太想要了解、弄懂。

太太抽出一張牌是《盤之五》，那是一張擔憂、焦慮及憂思的牌，先生的作法讓太太失去信心，一時之間無法接受，事情躲避就不會出事嗎？這顯然是鴕鳥心態，成不了大事，這一世為父子關係，父子情怎是如此呢？你給他生命，其它好像與你無關，你逃避，就不會發生事情嗎？發生了，你又不告訴你太太，私下運作，讓兒子有恃無恐，再犯下更頭疼的事，真不知道，你當初有幫孩子明白事情的嚴重性嗎？

處理表層的問題，然而更深的意義及後果，你讓他知道了嗎？顯然你沒讓他知道，你也隱瞞了老婆，才會再度從天上掉下來這麼大的「大禮物」，任誰都不要的，而且最可笑的是，孩子不認為那是很嚴重，出了事，他還是一貫邏輯，老爸會處理，要不就落跑，這就是身為父親的你，沒有在事件發生當下，讓孩子明白，這是錯誤的事情，孩子跟父親一樣都在逃避，你這個父親是失敗的，徹底大失敗。

孩子過度天真，其實是父母造成，開明是要讓孩子明白事理，而不是這樣教育孩子。當然誰都不是生下來就會當爸爸，誰都是如此，但有了孩子，在孩子發生狀況時，你過度樂觀，及不夠深入發覺事情嚴重性，以敷衍隱瞞的方式，顯然你不是不盡責而已，是昏庸加後知後覺，你真應該好好學習這一世的父子情吧！

當家長都是一輩子在探索，在學習如何教育孩子，你既有機會當老爸，爲什麼你都沒好好想過，怎麼當個稱職的好父親呢？顯然你沒盡力，所以你容許自己當這樣父親。

不出聲、擦屁股的父親，這是濫好人、沒智慧、沒用心，現代某些父親真是如此；只是生他，其它就讓他們孩子自生自滅嗎？莫忘了，孩子的生命是你給的，這樣行事處理可以交差了事嗎？我認爲可惜了，也愚蠢，真的想學習都還來及，只要有心，除非，你還是就是那一開始那個路人甲老爸。

現在在當父親這角色的朋友們，這一世你與你的孩子會是怎樣的關係？該怎麼經營、好好思量一下真辜負這一世父子情。

第三篇　情字這條路

什麼叫一個男人完全都屬於你？他把心給了你，把家給了你，同時也把錢包給了你。

什麼叫一個女人完全都屬於你？她把心給了你，把身體給了你，把嫉妒、生氣、吃醋各種小情緒都給了你。

男人把他能扛起的一切給了你，女人把她心裡能裝載的一切給了你，這就是愛情。

你身邊有這樣的男人或女人？

希望妳們能趕緊找到，擁有這樣的愛情……

01

五月二十七日的夜

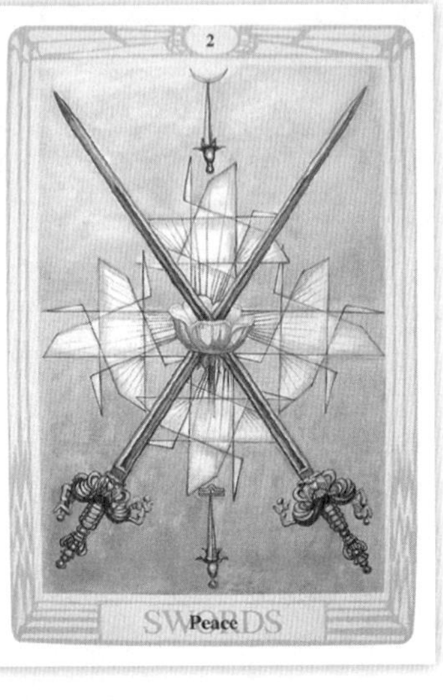

心靈的學習落實在我們每天的生活上，包括是遠在天邊或近在眼前的人事物、或是神祕還不可知的未來或大人物，在妳面前那都是眞實的寶物，妳須好好珍惜體悟……

站在窗前極目的眺望，遠處有一盞燈與妳相互照映著，是誰在這樣靜默地夜色裡，與妳一樣如此孤單陪著五月二十七號的夜。

在這樣的深夜裏，底心話，無處可說也無從說起，一切一切都是試鍊亦是秘密，這天大不可說的秘密，是甜蜜也是孤單、是孤獨也是華麗，在盼望等愛時，遠處有一個鐘聲，噹噹作響在妳底心迴蕩著，近近遠遠、忽大忽小在妳心底，纏繞著纏繞著。

這是我好朋友的故事，她是一位漂亮極有才氣的女孩，個性是相當活潑，天南地北都可以聊的朋友，她見多識廣，真沒想到在她的心湖底，隱藏這麼長時間的祕密戀情，在這之前，我真的都從沒聽到過她，有談過有關於這件情事的隻字片語，顯然可知這件事在她心裡有多麼重要，重要到我們都已是無話不談的淘心朋友，她還可以如此這樣隱埋深藏在心中，真虧我們是好姐妹呢！

妳說妳習慣睡前，誠心祝福妳所謂「神祕佳賓」，並且妳會拿出塔羅牌與塔羅相處對話，除了淨心外也偶而想知道這位神秘佳賓近況如何，今夜妳非常思念他，妳隨性抽出一張牌，此刻妳非常想知道那人到底過得好不好？這個人對妳太重要且難得，妳輕輕緩緩冥想抽出一張牌，是《劍之二》，這張牌代表是讓命運和平發生，頭腦莫再去多想，就由人的心念意志放開放鬆這些事，讓頭腦好好休息吧！

妳心中不可說秘密的那位「神秘佳賓」，其實妳早已讓命運和平發生了，不特別期待那可能的驚喜美好，從不多驚動及打擾讓命運平靜帶著妳走，所以妳習慣了，睡前真心祝福他一回，妳深信他一定都會收到，我相信妳的祝福他全打包收下了，就在他的心底深處，這是妳那天喝醉了，親口告訴我有這回神秘戀事，或許醉了，有些膽量告訴我，這個藏在妳心中天大的秘密，妳嘴巴西里呼魯的，滿口全都是酒精味；我的媽呀！我知道妳一般是不喝酒的，現在居然也可以搞到這般模樣，他是何方神聖呀！居然有這麼大的通天本領，我還真好奇希罕呢！這一定非同小可的人物，我好想知道，但打死妳都不肯說，藉用酒精狀膽，還有這迷離夜色，要我來陪陪妳，好吧！好姐妹妳開心就好，妳真不說我莫強求，時機到了，我信妳會肯定會一五一十跟我說的。

神秘不可知的戀情會教人陶醉迷戀，我想那也是人性真情可愛的一面吧！祝福妳我的好朋友，傻女孩，希望這飄忽不定的男人，總有一天會讓妳安心停靠到他愛的港灣！

02

上海見

妳對妳的生命有真正的信任，即便永不相見的可能，妳還是願意信任曾有的感覺話語的溫度，那就是真愛。

衣帶漸寬終不悔，爲伊消得人憔悴。想念是不會放過妳的，在夢裡有他的身影，妳發現妳是活的，妳在等待他，他知道嗎？妳想傳一則簡訊給他，告訴他，妳有多麼多麼思戀他，也想問問這幾年他過得如何？用盡所有力氣來告訴他，這幾年妳有多麼多麼思念他，但是你們失聯了，妳他用盡所有方法，也尋遍不著他走後再也沒出現過，在妳眼前，就這樣消失了；妳深深明白了解，他可能有他的苦衷吧！妳是這樣安慰自己，看得出來妳是善良的好女孩，很多人很多事，都是陪妳一段過程的過客，然後又各自往盡頭單飛，沒人有義務及必要陪妳全程，妳是這樣理解，所以妳沒生氣或不諒解，但是不容否認妳真得非常思念他，非常！

他在天涯海角或在巷口街角？說好了，珍惜交會時互放光芒，在各自往天涯盡頭單飛，這是當初大家說好的鼓勵及默契，這一飛就五年來一千七百二十五個日子，此刻的他落點在哪兒？生活可安好？妳好想知道呀！

妳來找我，是一位美麗且有靈性的女孩，對著我訴說你這一段唯美柏拉圖式的愛情，我聽了很感動，妳好想知道，現今他過得如何？我請妳抽牌，這是一張《命運之輪》的主牌，那表示是本該生命中該出現一段緣份，那是我們俗稱的「業」。

這一世把你們倆帶來，但又不能相聚，這是無法解釋命運的安排，此刻他過好不好？若妳過得好，他就過得好，這位天涯海角行蹤不明男性友人，一直是希望妳這樣想的。

想念是不會放過妳的，是不會失溫、是不會斷氣的，「癡」是內心一種煎熬，不知道爲什麼妳這麼迷戀他，這麼眷戀這段感情，我真的非常感動時間都已過了五年，在妳心湖底還裡一直有著倒映他的身影存在，至今仍是，沒改變過，在妳心裡，他一定有不能取代的位置，那也好，我說：見與不見，他都在那，而妳也都在活生生真實這兒呀。

多少日昇月落，沒有一天，妳可以不想起他，像是被植入妳身體裡的晶片，永遠都在皮肉下隱隱被記憶著被標註著，有一次，妳真飛去上海，嚇我一跳，妳來真的就爲了「上海見」，這是他隨機的無意、一句的無心話，但妳真得都聽進去了；然而，在極目張望上海角落街口，男主角失約了，本來就是隨口說說沒啥承諾隨風飄的，沒想到在妳心裡，妳還真格認真起來，搭上飛機妳爲愛追隨，爲愛癡狂，妳沒告訴任何人，此行旅行最大的意義是在這裡；「想要問問妳敢不敢？」耳邊響起劉若英的歌，對呀！妳也好想好想知道妳敢不敢，但終究妳撥的電話是空號，給妳無盡落寞的惆悵。

他終究還是沒出現在上海街頭，可能他正忙，可能他忘了，也或許他人不在上海，亦或是妳作多情的無端猜想，他當了愛的逃兵，但妳不埋怨他，對的！愛就不是怨，就是心甘情願，這輩子我想妳的精采故事，一定跟他有關，或許這是大老闆老天爺對妳們最好安排，我是這樣解讀的。

今天妳偷偷告訴我，妳還是發下心願，「上海見」的心願，女主角今天告訴我，這輩子她一定要完成這心願，我笑而不答；我如何告訴妳，在愛的世界裡，個個都是傻瓜也是騙子，但是誰叫我們都願意愛呢？好吧！既然發下心願，那就祝福妳，早日與這位「上海男」早一點相見，在愛裏，我們都是心甘情願，讓愛發光發亮的傻瓜呆呢！

03

不應有恨

来世我們不一定能相見，所以這輩子好好愛，也寬容原諒，你恨的人，来生不會再見，所以別在他（她）身上浪費時間；你愛的人，来生也不會再見，所以今生要好好對他（她）。

最近有朋友來算牌，就是她心中一直有一個人，讓她一直有深恨意在心中，讓她很痛苦，是呀！恨一個人比愛一個人更累，「恨」在負能量中是很深沉的包袱，我請她抽牌抽出是一張《盤之九》，那是一張希望她能正向得到祝福，我問她爲甚麼用「恨」這個字，因爲她離婚了，離開不很愉快的婚姻，先生不賺錢養家，然後又會家暴，長期受到這樣不尊重的對待，所以訴請離婚成功，也將孩子帶在身邊照顧，原以爲這樣從此就可以擺脫惡夢，沒想到前夫還會跑來學校跟孩子說一些對妳不好聽之類的話，讓孩子對妳的看法開始有些轉變，這點妳很不諒解你前夫，跟之前的怨恨一塊累積，這樣的情緒一直困擾妳，所以妳恨，因爲妳真不知道該怎麼辦？

我說放下吧！他現在對孩子說些對妳不好的評價，那是他的無知及幼稚，妳不要隨風起舞，相反的妳要更有耐心的跟孩子相處，並多以正面的話來鼓勵孩子，這樣孩子才不會被影響，這樣孩子人格發展過程也會健全，這也是妳辛苦教養孩子最重要的一件事，塔羅謹慎提醒妳一定要正面，將正面的能量散發，那會是祝福。

親愛朋友這樣妳懂了嗎？常常聽見夫妻、情人或親人之間的愛恨情仇，抱怨爭吵打架眼淚等……，宛如世界大戰一樣，戰火一直開打，延燒永無寧日、永不休兵，甚至鬧上法院，由其整個家族的戰爭場面，刀光劍影、你來我往，笑稱是武俠片，真實在妳我周邊發生，天呀！怎會是如此怨恨？這一世我們來到這世上，究竟是爲了哪般？就只爲這些所謂名利，所謂財產或無所謂的面子問題，這當中又想獲得怎麼樣的回報，欺騙、欺壓、蠻橫等等無理的對待，這一切切都根源源自在於妳的內心呀！

妳的心決定妳的世界，被人背叛出賣，尤其是感情方面，那是靈魂最受傷最難受的痛苦，任誰短時間要來擺脫談何容易，因爲有了愛，相對就會有了恨，能量是均等，然而真正妳愛一個人，不就是希望能幸福嗎？要不你圖得是什麼？朋友妳知道愛有多麼神聖及驕傲嗎？這輩子你愛也好、恨也罷，來世都不一定會相見，那妳就好好原諒及善待此生所有你愛或曾愛的人，這樣好嗎？別再恨了，用這樣溫柔角度來看待情感這事，或許就不會太多的沉重或負擔，該來還是會來啊！該這輩子跟你善了，就會出現在妳週遭，要不他怎不是別人家的先生或孩子，而是出現在妳的生活圈呢？

這一定有緣分在裡頭，所以不要去恨誰，因爲那是在浪費時間，把這咒罵敵對的對話省下來，別花在那無聊傾聽或批判，那對事情全沒幫助只有破壞，真的要記住了，這輩子愛上了就好好愛，我們誰都有缺點誰都不完美，只要不是價値觀道德觀出現背離，我想獲多或少我們都該包容彼此，因爲沒人生來就是天生完美呀！愛情就是大大小小的缺陷美組成的，湊成一起彼此磨合，彼此學習最適合的相處模式，一起成長學習融洽相處，那是最完美最幸福的家庭，好好愛不要有恨、也不應有恨，因爲來世我們不一定能再相見呀！

04 分手其實是為了真愛

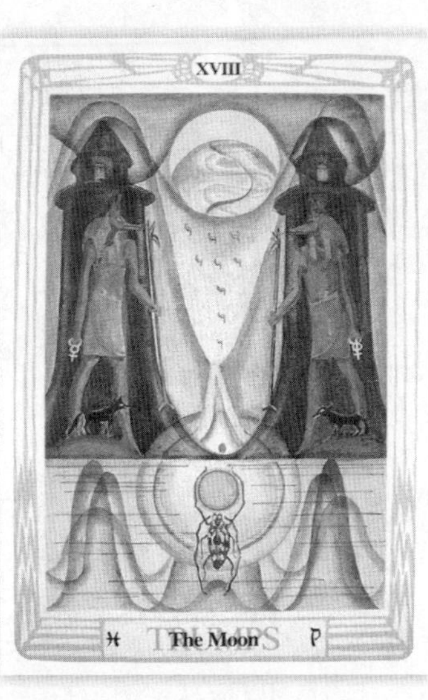

真正的愛是可以犧牲一切成全完整。

走你走，如浮雲飄過，輕輕淡淡不著痕跡，似乎你不曾來過；
走你走你快走，千百個想念，如海浪翻天，深遠浩瀚驚險停留，深信真實存在；
走你走你快走，孤單的步履如白鷺行踏，頭也不回腳不停歇，告別曾有的曾經該分手了吧！該說什麼理由，該給自己什麼理由。

其實分手只有一種理由，那就是「真愛」。

這是一位非常靈性的單身女性來問牌，她給我的感受很柔美很知性，從她輕輕淡淡訴說著一段非常唯美愛情故事，我聽了內心其實非常感動！她抽出一張塔羅牌是《月亮牌》那是一張無意識，或潛意識的走向那未知且神秘的狀態，她不知道爲什麼還要苦苦等候，等候一個沒有未來、沒有承諾的傻話，但她卻相信，真愛不是佔有，真心讓他走，給予祝福讓他的離開，兩端身分背景家族學識懸殊等……，在一起能快樂多久，那都是短暫片刻的，現實的人生妳沒勇氣跟他走，男主角說要一起遠走高飛，遠離家人不是不愛；但這都不是你們的行事風格，男主角爲了江山、爲了家族事業要離開台灣，要在異地繼續拼搏，他不敢開口要妳等他，因爲承諾是很有力量的語言，尤其對那樣有擔當的男人，不用說道別、不用說等候，因爲彼此期待還要再相見的一天。

女主角心中滿滿是祝福，希望男主角可以更好，在夢裡走進來就夠了，但願人長久，千里共嬋娟；多麼讓人心疼的女孩，偶而妳還是會思念起他，思念是唯美的，妳爲了不讓男主角爲難，爲了讓他可以專心打拼事業，所以妳毅然選擇分手；那絕對是妳底心最痛苦難受的決定，「真愛無敵」其實分手都是爲了真愛，我聽了感動許久我深深祝福她們，這人世間讓我看見這女主角無私的真愛，我好感動！願天下都是有情人，有時候這個世界很大很大，大到我們一輩子都沒有機會遇見；有時候，這個世界又很小很小，小到一抬頭就看見了你的笑臉。所以，在遇見時，請一定要感激；相愛時，請一定要珍惜；轉身時，請一定要優雅；因爲一轉身，可能一輩子也不會再相見了。人生忽如寄，轉瞬我們便垂垂老去，把握當下，且行且珍惜。

05 他來過了

很精緻、很合諧、很平衡的，那就是完整頭腦改成很精緻、改成很合諧、很平衡的，那就是完整情感靈魂。

妳說妳發現妳的前男友，回台灣了，發現他偷偷上岸了，在幾年後他靜悄悄登陸，在某一個夜半滿月時分，我說妳怎會知道，妳說前幾天前就覺得心情起伏很大，他的身影一直來撞擊妳平靜的心湖，妳說妳前男友，總是如此神秘如此安靜，這就是他的風格也是妳所迷戀的，但是妳心裡在意的是，曾經有過屬於你們的歡喜悲傷，屬於妳們花開花落美麗動人的回憶，我問說，都已經是前男友了，而且妳也嫁爲人妻，爲何這段情卻一直深藏在妳心底，永遠不能被任何人替代，妳說，妳真的很愛妳的前男友，但這輩子嫁的未必是妳的最愛，這點我認同，來算牌問感情的朋友，經常都是有緣無份，沒有結果的，我好奇問說，妳想找他嗎？妳說妳真的很想但是又不敢，現在是人妻身份也不適合，就讓彼此停留當初離開時的模樣吧！我說來抽牌看看，難道妳不想知道他是否在等妳呀？一抽牌，也是一張《命運之輪》，這是人生主牌必走必經的情感，但沒能結成正果，那就放鬆順著生命河流走吧！

也許是上一世或某上上世的未了情吧！註定這一世要在相逢，彼此再相愛走過一段，前世情已補今世也已深愛，對這段情也就沒那麼遺憾了；妳結婚了，先生對妳也很好，妳也曾傻傻想過，要等前男友回台灣，但這一別，卻從此斷了音訊，像是隨風飄般的不告而別，這幾年妳前男友再也沒出現，沒任何一句話就這樣結束的莫名奇妙，妳說，剛開始發生時候，妳無法釋懷，總以爲是自己不好，但妳從不苛責前男友的不該，妳說妳夠了解他，他應有不得已的苦衷，現實總是殘酷的，癡癡傻傻等候，就猶如小女生般要與初戀情人相見般，墊起腳尖引領而望的天真執著，這幾年妳都可以這樣癡心這樣過，等他等愛，爲得是啥？

愛是何等具有神奇魔力，讓妳甘心如此守候影子，無怨無悔的甘願，任何人的身影都無法取代他走進妳心裡面，不管歲月流逝，那天突然妳知道他悄悄回國了，是同事轉轉告訴妳，沒有事先告知，但敏感如妳，感受到猶如風的來臨，就小小一陣起風，他又飄走了……，我問妳，這樣值得嗎？他一點也不在乎妳呀！甚至可能把妳給忘了，妳說，妳對他真得是無求，這輩子曾有短暫時交會的光芒就足夠了。哇！這真是猛藥耶！妳真的很愛他，不敢讓他知道妳這幾年，妳如何承受相思之苦，妳願意等候，一點都不敢讓他知道，妳圖是啥呀？其實我知道，妳不要結果，妳願意再這樣心湖底裏埋藏，用永駐一個人，而且是任何人都無法取代的重要位置，這對妳來說，此生此情這輩子已足夠了，這些年妳都這樣走過來，沒有埋怨、沒有懷恨，反而妳感恩的是，前男友是一路引領妳的貴人，所以縱使他不在妳身邊，但妳很努力上進，因爲妳知那是妳前男友喜歡的模樣。我笑說，妳把前男友當成偶像了，對呀！把他當成偶像也好，再現實生活中，有一個偶像你可以學習或想念，其實也沒啥不好或不對，不對的時間出現對的人，那也是一種緣分，且深且淺的緣分，濃烈的來，淡淡的去，也挺好的，至少彼此心目中，都曾擁有那份美好，我認爲値得也羨慕，看妳正面的思考，臉上的笑容出落令我動容，這是怎樣一個緣分呀！

人世間最美不過是如此，淡淡的來，淡淡的走，沒有怨對，只有祝福。即便情已消逝，當然現在妳全心全意在經營妳的婚姻，妳愛妳的先生，妳愛妳的孩子，妳是有智慧的好女人；就套一句廣告詞，不在乎天長地久，只在乎曾經擁有，那就足矣！

06

生命中難得且重要的人

生命鼓勵你毫無保留的掉進心裡面，去經驗看看那裡有什麼東西？這意味著超越頭腦的控制，讓你自己去經驗愛及靈魂。

生命腳步總是不停歇，你我相逢相會，天涯海角，轉彎街口，我的世界因你而發光，我的世界因你而閃亮，你相信嗎？因爲你是我此生重要且難得的貴人，請不要懷疑，你就是具有這等魔力的人。

來匆匆，去匆匆，一路總是匆匆；妳不愛別離、不喜分開，但是彼此有各自生活要努力，自己的軌道要運行，所以也就格外更珍惜這難得的情誼緣份，他在妳生命中，他是優秀的無敵鐵金剛，是位鐵征征的好漢，彼此能相知相惜，這究竟是怎麼一個妙因緣呀！

下一站妳們又會再哪一站相逢？要多久？到時候妳還認得他嗎？自此現在往天涯盡頭各自單飛，說好的幸福呢？像下一場大雪，你說的話，像是朵朵飄散的雪花，飄落在空中，命運三種的安排，誰都無法逃脫。

這是一位知性的上班族其前來問牌，她在網路上認識一位非常值得她尊敬的人，不論是才華或格局，都是令妳非常著迷；然而他就這樣無聲無息離去，妳非常思念他，也感謝他，生命中出現這樣的人，從此妳的生命被改變了，妳來問牌，想問問跟這位朋友的關係，抽出來是一張《生命之輪》，我笑了，這是某一世妳們已說好的承諾，這一世可以這樣相遇相知，留下一段美好的回憶是挺好挺美的。

因爲有他在妳生命中出現，妳的生命開始有動力有活力，開始不同了，他是妳生命難得且重要的人，每當妳想念他時，抬頭往天上一望，就看見天上小星星在對妳眨眼睛，那就是代表他正在看著妳，欣賞讚嘆妳們彼彼此短暫的美麗火花，妳說不會再哭泣，妳會更努力，那是妳們的說好的秘密；妳明我知，雲淡風輕的心靈對話，保重了！這是妳表達對他的想念，很感動人呀。

你生命中曾出現過這樣的人嗎？告訴你可遇不可求，幸運的話，不要放他走，真的！好好留意你身旁有無這樣的人，這類型的朋友是可以協助妳發現妳的潛能，一路有時會調皮的鞭策妳，好像是心靈導師，有時又像一起哭泣的姐妹淘，這樣的朋友若正出現在妳身邊，請記得我說的，自私點，不要放他走，通常這樣的人，走了就不會再回來，妳這一生有這樣精采的相遇相知嗎？

好好想想找找，找到了，請千千萬萬一定要珍惜，這是妳生命中難得且重要的朋友，改變妳命運的推手。請千萬不要鬆手，讓他溜走了！

07 你好　我才會好

這一切的重要與否都靜默了……

親愛的朋友，你好嗎？你好我才會好喔！你不好，那我就更不好了，所以千萬千萬你一定要好！因爲你的好與不好，跟我有天大的關係，因爲你的快樂跟我有絕對的關係，所以這兩種主因關係，你一定得好，你一定要好，不管你在哪兒，不管你身在何處？你千萬記的一定要好，這樣我才會好！這是一位來問牌女生，給我正面的能量，她來算牌時，我看見發自她內心的快樂，天真的小模樣不管好與壞的，她都能以正面角度看待它背後的意義，這點讓我很佩服，也覺得十分可愛。

我看她人好好的，開開心心的，要來問牌我也挺驚訝！她應該多半是朋友的開心果，不知她有什樣的問題在她心中，她說她想請教塔羅牌，她想知道她的朋友現在過得好不好？因爲她們以前曾是一對戀人，那是她的初戀情人，後來因某些原因沒能走在一塊，然而她最近一直夢到他，其實她們分手這麼久，那情份早己淡薄，然而她永遠記得他初戀情人所說的一句貼心話，那就是妳好，我才會好，不管在天涯海角初戀男友這句話一直陪伴著她，不管分手以後碰見的人事物，不論怎樣狀態下，妳說有這句話動力就不一樣，可見一句話真得會影響人的一輩子。

我請妳抽牌，也請妳回想初戀情人的模樣，抽牌、解牌牌面都不是挺好的，然而其中有一張牌就是《杯之公主》，那是友善、不執著的愛，是一份自由的愛，的確，妳們之間的情誼己是自由自在海闊天空的愛了，雖然他目前可能有一些狀態，然而我相信那樣思維的男孩，肯定可以過關斬將沒事的，塔羅希望我們遇到不管什麼困難，都要明白發生事情背後真正架構的意義，要省思爲什麼朋友會在某個點，跨不過、想不開，爲什麼同樣的事，會一直發生在同樣情況的人上演，這就是塔羅要給予人真正的意涵；她說真正的好是「你好，我好，大家好！」，這是他給她的人生格局，也讓她成長這路上有這一句話的鼓勵，讓她在人際關係上一直都是挺具人氣，是位可人兒；雖彼此無緣走在一塊，然而這樣的人出現，對她來說就是一貴人，我好，你不好，這樣她才不要，這樣不好玩，我說我知道，我好，你也才會好；我說妳知道奇美許文龍先生，這位商場上受人尊敬有名的大老闆，有人問他什麼事會讓他快樂？他回答的很妙，他說：他釣魚，如果是有人釣魚釣得比他少，他不會快樂，他希望大家釣魚的數量一樣多，這樣他才會快樂，這就是，你好，我好，大家好的快樂呀！

她笑了說，老師妳真懂我，笑得像一朵燦爛的小花，她說，老師妳幫人算牌，都是在接受負能量這樣不好呀！我說這是我的天職，沒事！而且通常我是選擇，不涉入太深的情緒沉浸，這需要時間需要練習，現今的我練習得還不錯，所以我現在一直都很好，除了偶而出點小狀況，小意外，小小脫離軌道，人生難免的嘛！

你懂得，親愛的朋友，記住了，你好，我才會好，不管你在天涯海角或是對面巷口，記住囉！你好，我才會好，這是那位好好小姐的好好口訣；哈！我真喜歡這樣的好，太貼心了，也幫我謝謝那位我無緣見面，妳的初戀情人，給我上了寶貴難得的一課。

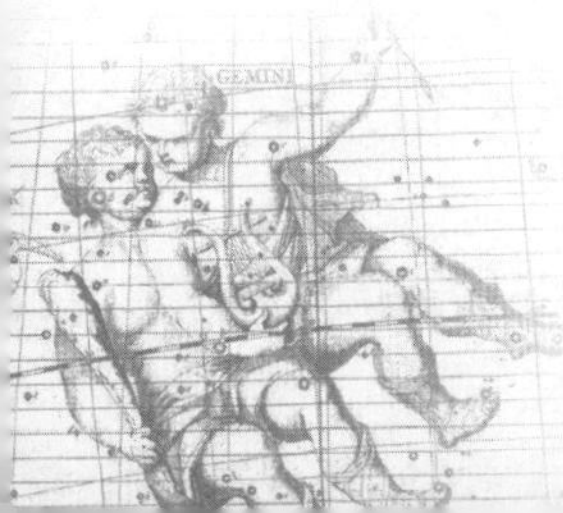

08

別在讓自己感情受傷了

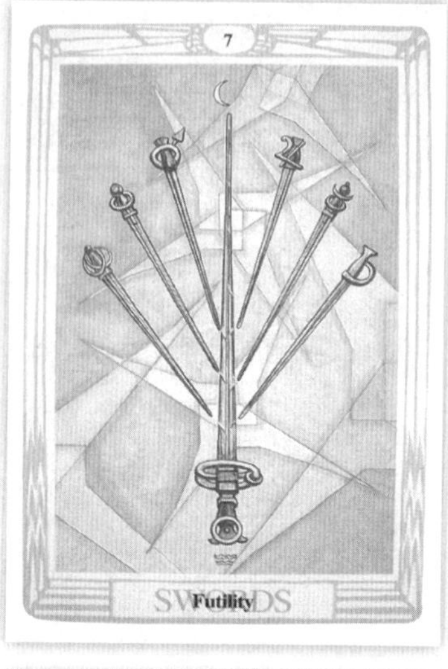

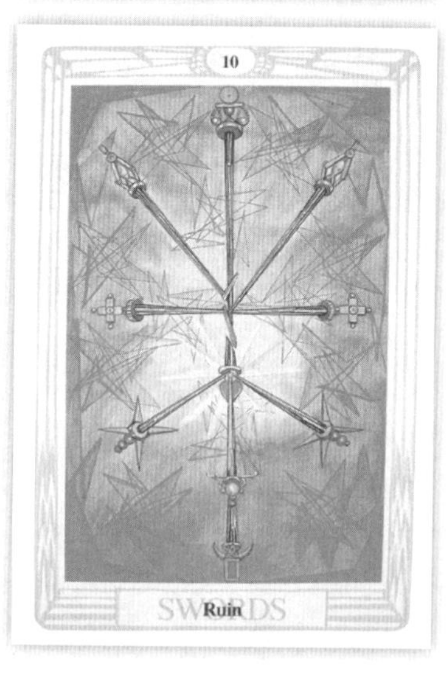

不執著友善，不要抓住期望或是陷在莫名的期望裡……

昨天妳輕輕淡淡說，我的成就不只如此，這是一位我剛認識的一位女性朋友的談話內容，在飯店大廳裡，妳是這樣堅定的告訴大家的，在談話當中數度被打斷，妳的電話一直進來，心疼呀！爲的是做生意、爲的是人脈關係，所以必須如此，然而心沒靜下來，也沒好的策略及執行方向，就靠人情人脈，當然就得要應酬，這樣的生意不深入，太表層行銷模式，很多人都是靠這套行走江湖，社團及協會這是很好人脈連接，但也是要有實力底氣，才能真正將生意推廣開來，若只是買賣東西，大多數這樣生意要賺錢是有些難度，身為好友的妳，看妳每天打扮漂漂亮亮，一堆蒼蠅在你身邊圍繞，爛桃花一堆，好幾次妳還栽在裡頭。

有一次妳來找我算牌，問有關於男朋友的事，那次我幫你算的是《劍之七》及《劍之十》，塔羅要我提醒妳，該是放棄沒有意義徒勞無功的事情，這段戀情其實男方那邊早有一個對象，但是某些男人就是不知足貪心，真要男人做選擇，他是會躲開或逃避的，所以我勸妳要放棄，我了解妳這樣女人個性，很多事妳不願說出來，很多苦你不願攤開來說，說了又能如何呢？到頭來還不是得自己面對，某次爛桃花還差點讓妳脫不了身，我知道妳很想找一個可以倚靠的肩膀，但不巧偏偏妳遇上都是人家第三者，你明知卻還是如此交往，因為畢竟妳希望能找一個真心疼愛妳的人，妳明知不行，但是妳還是走入這場桃花劫，一開始就是錯的假象，一開始這個男人就是想圖妳的美色，不安於室的男人又還沒離婚，有點閒錢在外亂來，當然對方老婆管的緊呀！名符其實的空砲彈。

這樣的人怎會給妳帶來幸福呢？這只會帶來短暫的快樂，後面是一堆麻煩的，果不其然事情也就是像是爛攤子這樣難堪，收拾的讓妳有些疲累，歲月對女人是殘忍的，我知妳孤單太久，瞎忙亂忙一團亂的忙，其實那對妳都是傷，我是這樣認為，妳還沒真正找到自我價值，一直心急慌亂尋找，這樣就容易出狀況，那次的傷害不是讓妳吃足苦頭，爲何還要再一次陷入情感風暴呢？我懂妳不是不怕誤上賊船，而是妳心亂了，妳說妳真得很想定下來，穩定的愛是妳所渴望的，但不是盲目急於投入，這反而是災難呀！妳讓自己一直在感情當中迷亂繞圈圈，已分不清自己方向。

到頭來還是回到原點，甚至帶來一身心傷，順緣不攀緣，能遇到對的人彼此相知相惜，能提攜妳是最好，若現在還沒出現，那就好好珍惜自己愛護自己，讓自己可以在專業領域上努力，一步步來要去執行，感情事要看緣分！無法獨自一人讓自己過得有義意及價値嗎？好好整理自己思緒吧！別再讓自己在感情裡受傷了，因爲妳再也傷不起呀！

09 我看見感情裏的卑微

親愛的，要我如何告訴妳，當我不在意你是否好與壞，對與錯，不在感覺那樣的感覺，這一切都重要與否都靜默了……

最近好多朋友都陷入在感情泥沼裏，要分手、要離婚、要死要活一堆，唉！辛苦呀！苦在對方不明白、苦在對方不珍惜，人生好不辛苦，得也苦，不得更苦，到底要如何滿足這顆小小的心呀！找我問牌的，不管是事業或感情，我認為比例來看，女人真的在乎感情比重，比男人多太多了，天生物種生理現象吧！應該這樣說，男人一旦結婚後，是麻木且大頭，對老婆感受是又笨又呆，除非原生家庭有良好的家風遺傳，要不一般傳統大男人爲主的家庭，幾乎都不太在意女人的意見及想法，尤其是當了老闆以後，或是具有社會地位的男人，風花雪月歡場無真愛呀！可是，這就是某些男人的劣根性，流連於歡場間，卻忘記太太等在房間。

今天有三位女性朋友來問牌，通通都是問感情婚姻的，下午茶時間通常都是抱怨老公大會，開堂審案一樣，女人一旦心給了男人，好像全部都給了，沒有一絲絲的保留、尊嚴、信心全不見了，甘願當個賢妻良母、用心持家，老公一旦有個風吹草動，就開始責怪自己、懷疑自己，跟著信心也都崩塌，整個世界好像全毀了，想要努力挽回的，用盡所有的方法，用柔情、用親情、用曉以大義，最要緊的是，心甘情願的日日夜夜等待；若妳已盡力努力挽回，先生卻嗤之以鼻，對妳已不看在眼裡，那這樣的婚姻，我想若要再繼續下去，那恐怕也很難幸福長久，卑微的討好卑微的等待，讓我們都看了好心疼。

今天其中一位女性朋友抽牌，其中有一張是《盤之五》，我看到是塔羅牌呈現擔憂及焦慮，細問才知，她老公早已花名在外，雖沒帶回家過夜，不過，不常常回家，出差外宿當藉口，手機上目前尙未發現不明的名字，我想現代男人都很厲害，偷吃都會懂得擦嘴巴擦乾淨，而且彼此都會分享交戰守則，不會明顯留下訊息，孩子還小，妳顧慮是家庭的完整，而且因全心照顧家庭，眼界也就變小了，跟先生溝通慢慢開始出現問題。所以妳擔憂，尤其是當妳先生外宿時，妳單獨面對自己，妳會開始習慣性擔憂，而且不敢打電話給先生，害怕萬一是事實怎麼辦？脆弱空虛的夜，妳是如何度過？

多卑微的愛，何時這個男人才要回頭來珍惜妳，用時間、用愛但千萬別用卑微，那是不均等、那是奴性的。親愛的，感情裏不該有卑微的身影，就算是妳真的很愛他，也該有自己的模樣，別灰心別失望，一切都還有救，先收起妳的擔憂，跟先生好好的溝通，讓先生了解，慢慢溝通，溝通的同時別只顧發洩自己情緒，也要傾聽先生事業工作上的事情，大家相互心靈有一個陪伴，這樣情況會改善。女人除了當先生的太太，也可以當先生的紅粉知己，不是嗎？

10

後悔

習慣性不滿足的人，通常你們的禮物是永遠都是在後悔……

這是來找我算牌過後，我所寫下的感想，女主角是商場上名女人，個性強悍，作風強勢，但卻從來沒人知道，她的內心深處是如此的陰暗，外表是女戰士，心理面是十足弱者。她已經離婚多年，這些年在商場上她賺了些錢，但她對於前夫是有愧咎感，並唸唸不忘她們曾擁有的美好。我犯了錯，因為我嫌貧愛富，我貪心我虛榮，我不給我前夫挽留我機會，我跟人跑了，當了所謂的小三，在檯面下的女人，老師您知道嗎？這就是我，我以前對我前夫態度是非常囂張傲慢，我瞧不起我前夫及我婆家的人，我認爲她們沒見識沒地位，所以當外面有男性朋友追求時，我毅然而然放棄我原有的婚姻；我前夫很痛心，當我告訴他，我愛上別人要離婚時，我前夫苦口婆心一點也沒有生氣，要我多想想，若是真得妳堅決要離開，我也無話可說那就離開吧！妳說妳不會忘記當時妳前夫臉上痛苦難過的表情。

但那時的妳，心早已飛到有事業地位那新男人身邊，所以妳毫不猶豫簽下離婚協議書，妳不滿足跟前夫的婚姻現況，當時妳要的事業江山，而那是妳前夫給不起的，但是事隔多年，妳也離開當初的這男人，因爲他無法給妳名分，並且還會時常挖苦妳，說妳心狠，對於當年拋夫之事，這樣的說法令妳受傷也無言以對，在婚姻中你的確是如此，妳當時爲了過更好生活，放棄婚姻、放棄愛妳的先生，我說妳後悔了？還只是良心不安？妳說，老師我後悔了，我懺悔對前夫的無情，還有，我厭惡我的虛榮。多年以後，妳懂愛了，也弄懂生命對妳的教訓，恭喜妳，看清楚愛的真面目了，但是對於妳要回到前夫身邊那恐怕爲時已晚了，妳聽說前夫現在已有一個幸福美滿的家庭，妳一方面替他開心，一方面也替自己悲哀，妳懺悔了，以前夫妻相處，前夫對妳的疼愛，妳卻把它的愛當笑話當醉話。

妳承認當時妳對愛是無情現實的，貪圖是外在的榮華富貴，那是虛榮底下造成的結果，我說那也是妳一手主導的，自作自受呀！我說別去打擾妳前夫，妳不可以如此自私，妳說妳知道，妳對不起他，只有對他深深祝福，若是前夫需要幫助，妳會樂於付出的，多棒的生命轉化呀！我要妳抽牌，看看往後妳的人生會是什麼樣的生命功課，妳抽出的牌面其中兩張是《盤之九》及《盤之二》塔羅牌要我告訴妳，從現在從此刻起；請妳往內心走，妳會發現多說愛的語言，那能量是多麼巨大的力量與美感。

將愛的語言傳達給上天聽，給需要的朋友聽，給自己聽，也給妳可能還會遇上的好男人聽，別灰心別難過，當妳真正懂愛的時候，才是真正幸福的開始。

11 對於你 我想知道

有一種愛很平靜很放鬆，內在品質與外在感受是一致的，那是心神的愛。

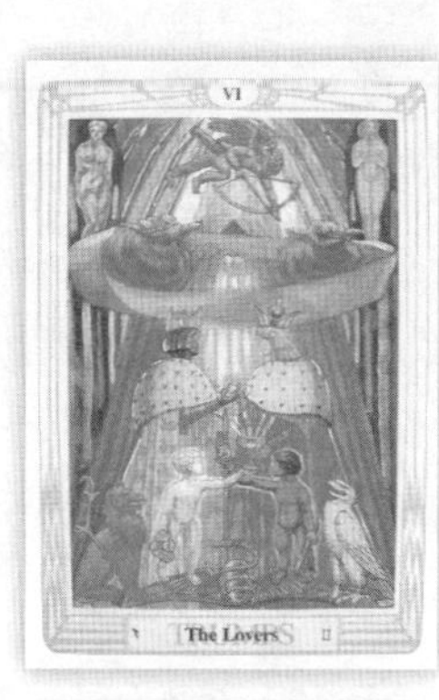

我對你的職業不感興趣，我想知道你的渴望，你是否能勇敢依循你內心地憧憬，大膽做夢；我對你的年齡不感興趣，我想知道你是否願意冒險，爲愛、爲夢想爲體驗生命，即使看起來像個傻子；我對你的情緒起伏，不感興趣，我想知道你是否曾觸及內心憂傷的核心，你是否已從生命中的背叛復原，願意敞開心靈或因此而封閉，深怕再受傷害，我想知道你是否可以正視痛苦與它共處，我的或你的，而不需任何躲藏淡化僞裝或修飾；我想知道你是否能與喜悅共處，我的或你自己的，你是否能與狂野共舞讓狂喜沉浸，穿過每個指尖，不再心生恐懼，不再要求實際現實，忘記身爲人類的限制。

我對於你所說的是否是真實，不感興趣，我想知道你是否能忠於自己，而不讓自己生命失望，是否能背負他人對於你背叛的指控，但不背叛自己的靈魂。

我想知道每一天，你是否能在不美之處看見美麗，你是否能爲成爲自己生命的源頭，我想知道你是否能與失敗共存，你的或我的，而且仍願意站在湖邊向天上銀色月亮高喊，是的！我絕不放棄，我對於你住在哪裏？有多少錢？並不感興趣，我想知道在經過整夜身心的折磨哀傷，你是否能願意起身，爲了愛你的人全力己赴，我對你住在那兒？學什麼？和誰學，不感興趣；我想知道當這一切都煙消雲散，是什麼在內心支撐著你，我想知道你是否能與自己獨處，你是否真心喜歡，在與空虛陪伴的靈魂成爲同伴。

此篇是寫給一位我心靈上的好姐妹，她迷戀一位男人，但她從不想要知道也不在意男人外表，及外在所有的一切，她在乎是男人的本質，及心靈上的契合，是不是乞丐，她都無所謂，她是超脫現實及外在所有條件的奇女子，然而，這樣的男人曾經在生命中出現過，但終究她們還是沒有緣份走在一塊，我心裡替她有些些難過，但她笑說：不會呀！我覺得我很幸福，且幸運呀！多麼單純正面的有涵養的好女孩，她偷偷告訴我，此生已經擁有過最浪漫的月光，這對她來說心靈就已足夠，我想對妳說：我的朋友，妳的愛很偉大，被妳愛上的人，是何等福氣，雖然不能在一起，但這又啥關係呢？不是有過這麼一句話：不在乎天長地久，只在乎曾經擁有；曾經真心擁有才是世間上最珍貴的禮物。

我說，我想替妳算牌，看看妳是怎樣的女人，在妳生命中有為何有這樣的情感發生，抽牌是主牌《愛人牌》及《皇帝牌》及《盤之皇后》塔羅牌顯示，妳對情感是一種放鬆及有信心的內在狀態，妳要的是內心本質而不是外在的成果，在妳內心是豐饒的，妳對自己及他有足夠相同的信心及本質，這是妳生命靈魂中另一個自我，一個完整的了解及經驗的學習，難怪妳們會如此珍惜這段情緣，這世間沒有到生命最後一刻，都很難說定，我認為妳們會在續緣，妳說那都不重要了，保護這段難得美好，在妳的心中浪漫延續就夠了；至於會不會續緣，妳跟他是否都已改變了，那就看命運的安排，妳隨緣，隨緣順緣，這樣的情愛超脫於一般，我欣賞也祝福，更希望他們可以真能有姻緣續緣，成就一段美麗愛情佳話。

12

沉默吧！九年

在情感中是脆弱或依賴的，那很容易成為情感的受害者。

夜深了，我總是思念一個人，這時我才發現，原來感性的人會想很多很多，就如我給你發信息，你會偶爾回我，甚至乾脆不回，漸行漸遠，我們都明白，彼此都不會是最後誰的誰，我以爲我在你身邊多待幾秒，你會多想我一點，我以爲我拼命地和你說話，你會感覺到我多愛你，我以爲我做的，你會明白；但是，我錯了，不管多遙遠不管多麼長久的等待，我以爲我做的你都會懂，但我錯了。

這是我學生目前來家裡與我說說心裡話，最近她面臨一段九年的感情，她決定要放手，在感情世界裡幾年都不是問題重點，最要緊的還愛不愛對方，若還愛着對方，請留意對方的訊息給予關心，若不愛對方，那也請勇敢坦白，莫讓對方停滯或猜疑愛與不愛之間擺晃，都要勇敢說出來，而不是沉默不語，最近的妳沮喪了，一段九年的感情歲月，九年時間不算長不算短，但是妳此生最美的模樣，妳曾真實擁有過，我終於知道我錯了、投降了，跟愛大力揮手說再見吧！

親愛的，我不會恨你，我還是愛你的，只不過我換了模樣，換了方式不再打擾你了，也不在期盼你，此刻的你，愛你的江山，更甚於愛我，我給你的愛輸給你的江山，是的！你沒錯！男人是該拼搏，當然我也沒錯，因爲我愛你九年，那就到此爲止吧！我想拿回我的衣物，還有我們一起養的小狗，你卻執意不肯，爲什麼呢？你不愛我卻也不讓我離開，這算是哪門子的愛，我給弄糊塗，我真不明白，對這段感情我想說你還想怎樣，你是否太自私霸道了，我要離開這段感情，是下了多麼大的勇氣決定，我決定不再來來回回、一次次原諒、一次次開始，我坦白告訴你，我累了，這愛的獨角戲我玩不下去了，你若執意不讓我拿回去，那好吧！那就不拿回吧！放在那兒，就像這段九年的感情，晾在那兒，就像是這段九年感情，你放心！我不會再傳訊息給你，反正你也不回，還有你放心，我再也不會打電話給你，你很早就不接我電話了，任憑我狂打你是沒知覺不在乎的，我懂了，所以我離開了，傷痕一定會明顯存在，但就到此爲止，讓沉默取代這九年吧！我也不想再多增加你對我的高額度冷漠及忽略，都已經要結束了，也是該要結束了，不是嗎？

這是我一位學生告訴我的感情故事，他們感情已有九年了，男人始終都將她視爲空氣或女傭之類的，我想，其實那男人在外，應該有別的女人對她男人一直示好，否則怎可能對女友是如此態度，那時女生來抽牌，問她感情生活，其中有一張是《皇帝牌》是權威及領導，那時，其實她男友的確是在事業上非常打拼，但另一個牌面，卻是感情上一直會有別人來干擾或破壞，所以我認爲是她男友外面有些小花邊，但對這九年的女友視爲老婆的心態，不肯放卻又不願意進一步，對她真正提出結婚的計畫。

最近有人追求她，我非常鼓勵她，大方接受新的感情，好好享受真正戀愛的甜蜜，戀愛中的女人是最美最可愛的，她把我話聽進去了，我期待下一次她來找我時，新戀情的甜蜜。男人！好女人真的不要錯過，多給女人關心呵護保證不吃虧的，而且天底下好男人還真多著呢！做好女人決不吃虧的！

13 沖脫泡蓋送

當失落無助或是防衛限制，那就請妳「心」下功夫，敞開心情允許妳將感情顯露出來，別悶壞了。

電話那頭老是一直響著，但是卻沒人接聽，妳一直打一直撥，他手機就是不接呀！又能奈他如何？這是一位台商的太太，對我訴說他對先生總總抱怨，一來就急忙說要問我，看看老公有沒有包二奶，我說：去多久了，這部分我已經相當有經驗，我發現台商在這部分，問題真得很多，都是因爲無法給太太安全感所造成信任感的不足，但也是某些不安份台商應酬文化，假借生意應酬之名，行縱慾好色之實，有時就會因爲距離陰錯陽差，產上誤會紛端，最後離婚收場也是大有人在呀！她好緊張的抽牌，不由自主她身邊的朋友也跟着緊張，她總共抽出十三張牌，其中有兩張是《皇帝牌》及《杯之騎士》，我看看目前是沒有這樣的事情發生，牌面都還蠻正面的，先生對事業工作是很投入的，他想要把事業經營成功，所以他花很多心思在事業上，妳應鼓勵他呀！先生可能花一些時間了解到內地其事業發展的走向，有時可能因開會或洽商沒接到妳電話，這樣一說，她就心安許多。

現代人相處真是一門大學問，一件大工程，怎樣的相處模示才能長長久久，才能兩性和平共處，這真得值得探討及執行，人嘛！一輩子要相處的伴不容易呀！

距離其實真得是考驗，也因是考驗，才知對方值不值得妳信任託付的對象，以前是熱線，不斷情話綿綿，講到天昏地暗、耳朵出汗都還是樂此不疲，現在呢？撥了老半天電話，不接就是不接，看妳能奈我何？一皮天下無難事，這是普天下都懂的賴皮，好不容易接了，換來是開始抱怨及怒罵開戰，心有不甘，怒火中燒吞不下這口氣，釋放了，解放了，豁出去誰怕誰呀？不管讀了多少宗教道理哲學，上過多少心靈課程，這一刻怒氣燒滿天，你祖奶奶我的耐心愛心佛心全用盡了，到這節骨眼上全忘了，全擱在一旁，白修白讀了，先讓我痛快罵完才罷休；太委曲了，覺得自己太沒種了，這是我遇到台商太太經常的狀態，歇斯底里的發火，婚姻維繫真沒那麼簡單喔！

一有問題就會向一一九一樣警報系統開始，愛恨情仇總像一糰小小火苗，一點著，全著火燒個遍體麟傷，嚴重的是深層燒燙傷，需要沖脫泡蓋送來醫治，愛一個人，愛到最後是什麼，是萬般不計較，還是死都不肯放，連我也會矛盾，有時也不知呢？然而，事緩則圓，妳太心急了，遇上一個慢郎中，這一冷一熱不同，的確也會引起許多不必要的糾紛，快慢節奏雙方協調，是必要的共識，每回戰事一開打，有時還傷兵殘將，多麼的無聊及幼稚，換一個心法吧！

要生氣憤怒前，先深呼吸十秒，慢慢吐氣，再走到鏡子前看看自己生氣恐怖模樣，打了一堆坡尿酸回春術，那全白花錢了，冷靜下來你們夫妻倆都是好人一枚，請相互珍惜，這種空中對決，實在是浪費電話錢，而且解決效果不好，反而更糟，下次記得先深呼吸，先走到鏡子前，緩緩拿起電話，先別急著開罵，先關心對方，養成這習慣，其他事情若非重大事件，非得透過電話告知，就等見面再說吧！

看不見彼此的表情，其實當下他可能有些狀況，或是有些工作上不開心，若妳還在火上加油，那可能不離婚也講到要離婚，相處應對進退是有藝術的，當然也包含忍讓，相互包容，若偶而不包容，那敬請先離開現場，出去外面透透氣，先緩和自己情緒，冷靜下來再緩緩的說；其實有時候台商真得是很可憐，天冷地凍的，文化上及觀念上差異，其實也都很辛苦，女人要體會這辛苦，溫柔對先生關心問候，千萬別像河東獅吼，那樣男人肯定會嚇跑，妳先生目前沒事啦！所以妳要多多鼓勵及關心他才應該呀！我是這樣告訴這位台商太太，脾氣太急躁，需要改進，然而，先生也該主動讓太太放心，莫讓太太瞎疑猜或乾着急那不好玩的，而且也壞了大家的心情及感情，那多不划算呀！

14 妳是值的被愛的小花

恨一個人，比愛一個人還累呢！

這是一位漂亮的女生來問牌，女生的男朋友去國外工作，發生情變，我問女生為何沒跟男友一起去國外發展呢？當初因為家庭因素，不能跟男朋友一塊往國外發展，從此，就注定不能在一起，就似乎注定要分手的命運，女孩來問牌是極度無自信的說著這些事情，我請她抽牌，那是一張改變牌《盤之二》，我告訴她來問塔羅牌，因距離離開或爭吵的還滿多的，我想人性是懦弱的，在某些層面受到挑戰或引誘時，唯獨看清楚了，轉身才有活路可走！

從沒一天，妳不想離開這世界，因爲太愛了，尤其是最後這二年，妳說妳快熬不下去了，痛苦埋怨失落，到最後絕望，總是一個人在夜半三更，站在陽台喝著酒，這一站就好久好久，妳知道妳縱身一跳，妳除肢離破碎外，面目全非以外，妳與這實相世界脫軌之外，世界從此與妳無關；然而這世界不會因妳消失而停止轉動，無論這世界多精采，妳與世界無關，無論多傷悲，世界也與妳無關，我懂，妳心死了。

妳的心築了一面厚厚牆，灰灰暗暗的牆，時間給了妳證明，看見妳愛的人自私無明狡辯，那我問妳，妳還留在這兒幹嘛呀？是捨不得或不甘心，我想都有吧！情變總是令人難受難過，更何況親戚朋友都知道有這麼一號人物，這叫你也夠難受的面對，但是若選擇離開，就不要害怕，既然他沒給妳一個答覆，妳還痴傻在等他做什麼呀！

人呀！終究還是一個來，一個人走，妳不應該唉聲歎氣活在這世界，妳應當走出這牢籠，妳把自己關太久、悶太久了，妳的心早已遺忘這世界還有美好的一面，妳曾極力將妳們過去美好再燦爛一次，但無奈妳的幸福是早在前年前，隨著班機離開了跑道，飛走了，捨不得也沒辦法，已經無緣了，就鬆手吧！

妳說妳聽歌，歌詞裡的甜蜜，像是僞造的糖，走了吧！放下吧！將這段情結束吧！妳陷入情感裡的謊言太久了，分不清了，心安靜下來，讓心帶著妳覺知這一切，沒有什麼好恨的，該跟過去道別，該勇敢面對自己的往後人生，踏上另一段新的旅程，而不是自怨自艾自憐，我建議妳目前出國走走，或離開這房子，妳答應我了，那就走吧！

與其在愛裡空等，與其在愛裡退色，那何必呢？當初朋友家人反對，妳在愛的戰場是勇敢女戰士，妳決定獨自上場，雙手空空傻傻跟隨，女戰士現反成了女傻瓜，妳甘願無悔，直到最近這幾年，你們彼此在電話大吵，從不曾對妳大聲說話的他，此時竟在電話中狂嘯，像兩隻瘋狗鬥犬一樣，彼此緊咬著對方傷口，任鮮血直流毫不鬆口，在喝一杯酒，以前妳從不喝酒的，聽說「酒」是人類寂寞時最好的聽眾，所以妳從此就與酒說話，只有酒懂妳，只有酒不會惹妳不開心，那也是安慰自己好方法。

愛其實不用盡力，盡力就會等回饋，沒有相對回饋就會失望了，妳曾付出的愛及金錢一切，都是出自於妳當初的心甘情願，沒什麼好恨的，我說恨一個人比愛一個人還累呢？妳在感情中盡力了，真無緣份了，就靜靜的在心上劃下一個句點，但是千萬別失望，走出牢籠，走出戶外，把心敞開，別再傻等了，時間不等人，他已經跟你表明，他不再愛妳，妳又何苦不甘心呢？

從現在起愛自己，好好打扮自己，還是要給愛機會喔！因為我知道妳是值得被愛的小花，就看哪一位幸運的男人，祝福妳囉！

15 美麗傻女人

愛情裡不應該有要求，尤其是這樣的要求。口口聲聲說深愛對方，其實內心底是想滿足自己的私慾，有時更是一種要命的詭計。

若愛情是得靠用上了《懷孕》這檔事才認爲能綁住對方的話，實在驚訝這年頭還真有其人其事，而她就坐在面前，這樣地問塔羅，天真傻傻的以爲《生孩子》就可以天長地久，可以天荒不老嗎？我無言以對傻坐在她面前的我，突然對她莫名同情起來。

他對我很好很照顧我及我兩個小女孩，雖然不是他親生的，但是他比我的前夫更疼愛她們兩個，這點讓我打從心裡面很感動，我跟他並沒有結婚，然而他要求我要為他生個孩子，他說他是喜歡孩子的，因為他跟他自己的孩子有嚴重的疏離感，所以現在他想要與我擁有一個屬於我們共同的孩子，來彌補他對孩子的愧疚，可是到目前為止我就是一直沒懷孕的跡象啊！他一直不停的問著我，問著我壓力好大喔！我是不是該去醫院檢查，若檢查數據証明問題不在我，不是我不能生育，那我就可以放心了，因為那表示問題出在他身上。

女主角這樣問著牌說著：我仔細看著她，她長得真得好漂亮，真的好美，深邃的眼眸，水靈靈的小模樣。我很少看見這樣的女孩子，可惜啊！可惜啊！她在愛情裡是十足傻蛋一個，靈性全不見，十足的傻瓜蛋一枚啊！

看著我讀牌，她流露出渴望的眼神，她抽到的是一張「杯子五」，那是一張對現狀不滿足的狀態，我不免也跟著擔心起來，接著我看牌，全都是失望的牌局，終究我還是這樣告訴她，目前是無孕事發生。

她沮喪的表情，像戰士打了敗仗一樣，那樣的表情令我一直為她感到不捨，我安慰著她，目前還是好好當個談戀愛的女人就可以囉！

妳是值得被愛的美麗女人，不管妳有無懷孕，若他真愛妳，就應該愛屋及屋，不是嗎？那跟妳要不要為他生孩子是不同兩回事不是嗎？

況且他自己的孩子，他現在加倍愛他們還來得及呀！也是可以彌補他的愧疚，不是嗎？我這樣不解的問著她，何必，一定還要等在生下一個小孩呢？我沒否定他愛孩子這事，可是這跟生孩子是兩碼事，況且眼前妳的孩子也等著他的愛，我這樣回答著她。

結束算牌，我走出屋外，外頭突然刮起了一陣強風，差點把我吹倒，接著下起小雨，我緩緩走向車子，下午天氣還挺舒服怡人的，怎麼說變就變呢？天氣是，愛情更是，心裏納悶著，其實，我更納悶的是，一次痛心疾首的婚姻還不夠嗎？

爲何面對愛情，就健忘了，若真以爲愛情可以藉由一個自以爲甜蜜的理由，來綁住對方，那恐怕將來走味了變質了，那會是最苦澀的包袱。

在愛情裏絕對可以認真，但是傻呢？我就不敢恭維了，我不知道那位漂亮的女主角是否就此打消念頭，然而期望她可以聰明點，至少可以先享受戀情的美好，至於有無孩子，那得看天意啊！美麗傻女人由衷祝福妳，自己開心快樂比迎合別人更重要！我們對身邊的期望，總是奮不顧身的迎合討好別人，但妳對自己先討好了嗎？

16 借與欠

借與欠，都請記得歸還。

妳來算牌，是一位清秀小佳人，長相挺討人喜歡的，我問她算什麼呀？她說，她想問感情，她覺得她的男人對她不珍惜，男友對她講話是不尊重並且經常挖苦她，我說可能是男人優越感及自我感覺良好，她說男友非常現實，對外面朋友交際應酬是一套，對家人又是另一套，這也是人性的通病。

但是如果是相互瞧不起對方，講話酸溜溜的，我想那除爭吵紛爭外，還有什麼好繼續的，看不見來時路，她說她想要離開這個男友，但卻沒真正實際行動，每天都是如此相處模式，我說：「妳們早晚分了！」妳說也是，但是就是找不到出口怎走？而且彼此財務也是分手一大問題；又是一個這樣的案例，感情裡金錢的世界，金錢彼此糾結糾葛著，我請她抽牌，那是一張《塔》牌及一張《杯之七》放縱牌，我想是該結束的時候，塔羅牌告知，在感情裡彼此放縱要求及鄙視對方，女方已受不了男友自卑感及自尊心的心理作祟，所以決定要結束感情，我想，這段情只剩下錢及性來回矛盾的反覆著，女方一直容忍及相讓，我說這撐不了太久，可以的話，趁現在大家好聚好散。

我經常碰見女人來問感情的問題，大部份都是如此混亂狀態，感情裡有借貸關係，想分手是有些難度，若是有一方存心不良，那更是歹戲連篇，妳知借感情與欠感情這回事嗎？借與欠，有許多糾結無奈，不敢啓口不敢負責等等因素產生，最後結果，不甘報復或者歡喜甘願收場，全憑個人修爲及因果造化。

相欠債是你我常聽話語，爲什麼離不開那個爛人？明知很爛就是離不開，明明挨打卻要一再袒護容忍，這是哪門子的理論，不甘心裡面的甘心，甘心裡面的不開心，醒來吧！別把事情都歸於是如此說法，好好思量，借與欠相欠債，要多久呢？想一想，怎裡解？怎清償？若是一筆帳核對清楚，慢慢理慢慢還，留給對方及自己一些空間呀！

錢應該流通，錢就有了呼吸，那愛呢？愛也出去透透氣，否則愛沒了呼吸，那就不是愛，是折磨；相欠債是一個無聊宿命的指令，至少在我個人認爲是如此，可憐的女人，別那麼宿命的面對自己人生，男人也是，好好善待這輩子用心愛你的女人，若不珍惜，請放她走，別以爲你就是她的救世主，其實所有債裡面，你是欠她最多那個人，想想，你真得是欠她最多那個債務人，這輩子借了情，就好好，以愛來償還，別累積到下一世，怕你欠債更多還不起。

常常聽見「相欠債」這話語，它是沉重的一句話，這是可以選擇的，不是嗎?若真彼此相欠，那就彼此好好的還清，而不是在情非得已情況下，如此宿命的說法，那怕根本沒誠意還，而是相互繼續糾葛折磨到生生世世，永遠沒完沒了，那就悲哀了!

17 愛的斤兩

從內心來分享愛的品質，給予及分享來自內心真正的能量，那才是真正愛的斤兩。

負面情緒像流感，猛爆型的，傳染率極高，心平靜下來，別停留在別人話語及情緒太久，不要將自己先綑綁，想辦法鬆脫而不是一次次綑綁打死結！在這樣下去，不是在恐嚇妳，是心真的不能自主呼吸了，那時候不死也剩半條命了，常幫人算牌解牌，其實都可以感受到一個人對於感情付出及回報上的計較。

那是一個下雨天的晚上，有兩位小女生希望透過抽牌來了解她們的感情狀態，她們抽出的牌是《杯之王子》，這表示她對感情的欲求是一種幻想，而且還是逃離事實，我發現她在感情上，只想擁有親密關係；但是，她沒有歸根於實際，大部分的時間都花在幻想，死命的想要抓住對方控制對方，而且執著於對方在感情上的付出多少的計較，她對待感情的狀態，是強勢且吝於付出的，我建議她，在親密關係中不必想要抓住什麼，對妳愛的人，要友善並給對方空間，而不是將對方納入一個計較控制的關係中。

她嘴巴硬說不會，其實對「愛的斤兩」心裏可是在乎的很，比電腦雲端試算還敏感，這是人性沒啥不好意思，然而過度的需求，來保障自己的安全感，其實這樣是無法真心愛別人的。

其實我們應該察覺到，愛的經驗就是要愛自己及愛對方的美好能量流動，在臉書上發表一則感想，若是妳習慣把男人擺在最後，而妳習慣把妳自己擺在他的前面，到最後妳會是輸家，這是多年來聽了太多也看了太多事實，在婚姻裡，在戀愛中，都要真切擁有自己樣貌，那也是愛裡的一部份，而且很重要的一部分，若剛開始妳一味要對方對妳討好犧牲，那都是騙術的一環，過了不多久，就會發現是自己設下這場騙局，騙了對方，也騙了自己。

兩人在愛裡都成了是騙子，這時兩人似乎都脫不了身，時好時壞湊合著，人終究還是最愛自己的！那妳就放過自己，還原自己原本單純愛的模樣；現在妳的男友開始對妳的行徑感到不耐煩，所以對妳開始冷落了，妳不甘心在被對方冷落之下，但是妳又不願意改變自己，因爲自己對愛有屬於自己莫名可笑的要求，我看了那麼多個案，其實絕大部分的愛都有論斤兩的。

也正因爲如此發現，才知道要讓自己更完整獨立擁抱愛，才能時刻做回自己，妳的男人也是這麼想的，否則只有妳可以對他要求，而妳卻吝於付出，只管發號施令，我問這是妳要的愛嗎？妳在愛裡，會計較斤兩嗎？別告訴我，妳不會，否則妳不會如此多的抱怨，是愛的抱怨，那是甜蜜是撒嬌，那無妨，若是愛的怨氣，那真撐不了太久會爆發的，就快快回到有愛可愛的樣貌，別讓怨氣綑綁自己，一次次若綑成死結，心真得斷氣了，要救就太晚了，千萬記得，在愛自己之前，同時也要先懂得愛別人，那愛的斤兩才平衡公平呢！

18 愛的復仇者

怎樣才能脫離感情的沼澤，抬起頭來看看眞相，在愛的能量中只有純淨及自由，而不是放縱及欺騙……

妳來請我算牌，告訴我這段故事，在愛情裡頭受傷，我想妳沒白過，至少妳曾真心真意付出真情，那也足矣！妳抽出是《愛人》牌及《杯之五》，在愛情裡，妳跟主關係已散局，現在該是妳愛別人的時候了，從失望不滿足的過程走到新的渴望，請記住！愛情絕非甜美，但也不全是失望。在妳跟他同時交往時，其實他早已經有論及婚嫁的女朋友，妳不明白的是，他明明有女朋友，爲何還要來招惹妳？爲什麼還要欺騙我？太可惡了，我真想拿把刀想殺了他，的確可惡！不尊重愛的人，總是在愛中自私佔有又不負責任的離開，不管這輩子愛過幾個，談了幾段戀愛？這都不是愛，是遊戲的愛，是欺騙的愛，更好笑可惡的是，有些人還偏偏玩上癮，覺得愛上她的人都是笨蛋，以愚弄對方的感情爲樂，真是要不得的想法，有時男主角只是一味累積愛情額度，說不定妳只是在幫他的愛人記錄表多添一筆，爲何要來打擾妳？或許有意，或許無心，也或許無聊，就是這樣，我知道妳很生氣，被騙的感覺有時比死還不如。

但是世間男女女，還是非常勇敢飛蛾撲火迎向愛，就爲一精彩一浪漫而活，這好像是吸毒上了癮了回不了頭，既然妳都知對方有論及婚嫁的女友，妳爲何還要向前繼續？妳是準備好要當破壞者嗎？我見妳滿腦子就是想繼續，想給自己一次反敗爲勝的機會，我說，人沒有到最後死心破碎難堪的結果是不甘心的，除非妳真死心，妳到底是愛他，還是不甘心被騙呀？若妳是不甘心，那我說，妳真是笨蛋，妳想扳回一城，想著妳的復仇大計，破壞他們，再狠狠踢開他，甚至讓事情一翻兩瞪眼，讓整件事都全豁出去，哇！妳果然是狠角色呀！

難怪，妳們會互相吸引在一起，好吧！惦惦自己斤兩，若這樣才能出口氣，我想誰也攔不住妳。

然而，在愛裏當個復仇者，永遠都是輸家，即便表面是贏，其實裡子是輸了全部，包括最重要是妳的內心，因爲內心住了一位復仇者，因爲這樣妳以後就習慣成了愛的復仇者，那以後與妳交往的男朋友，下場會很可憐，與妳交往稍微不順心，就會引發許多不好想法，那這樣的交往肯定沒好結果，就感情傷害來說，妳是遇上愛情大騙子，妳跟他幸好沒結婚，這是不幸中的大幸呀！妳該慶幸呀！

好不容易說服妳，見妳若有所悟的點頭，那就請妳趕緊逃離這黑暗的能量，妳何必何苦還要緊抓不放，甚至與之共舞，沒必要也太笨了，在愛裡沒有勝利者及復仇者，有的只是希望對方開心、快樂，當然這必須出於妳的真心，清楚看見吧！

丟掉那虛假面具，那會很受罪的，放下吧！多年後會發現，這其實沒啥，頂多加上一句「成長」的代價，這世界不是男就是女的，妳執著於一個完全不屬於妳的人有何用呢？或欺騙妳的人，否則這人還值得妳愛嗎？我想妳是愛上他的花言巧語，愛上他騙死人不償命的謊話連篇，我看這是妳的矛盾吧！若妳沒弄懂自己，下次還是容易在這環節栽跟斗呢？

別傻了！好好清醒，也好好反省，這世界還有許多美好可能，一切需真心真實，這才是對得起自己及別人，想當復仇者，我看妳沒那本事，也少自找麻煩，至於欺騙妳的愛情大騙子，他才是真正輸家呢！在愛裡面，妳表現了多少真心真相，讓愛妳的人在分手後還會愛妳想念妳，而不是怨恨或復仇，那就值得了這份愛呀！

第四篇　經營婚姻

每個人都會犯錯，深愛你的人，無論你犯什麼錯，
他都會原諒；
不愛你的人，可能你只說錯一句話，
就立刻翻臉分手。
愛你的人，會愛上你的缺點；不愛你的人，
無法理解你的美，
所以，當一個人抓住你的小錯而分手，
不是因爲爲你的錯，而是因爲不愛你，
原諒這種事，只和愛的深淺有關，有多少愛，
就有多少原諒。
你懂得原諒，就是你懂愛了……

01

一個人也有一個人的精采

再親密關係連結中，當一方不願成長變成依賴，那就不是愛了……

妳來問牌，跟我說妳想要離開婚姻，想要獨自去飛，我請妳抽牌，那是一張《杯之么》的牌面，肯定自己愛自己，同時肯定自己的感覺，如果妳心意已決，那今後的路妳應該知道該怎麼走。

妳說妳很年輕的時候就認識妳老公，俠女仗義性格的妳，因爲見妳老公在年輕時，就在事業上獨自打拚，有很多的不懂，例如：銀行及資金運用方面不懂，身爲朋友的妳剛開始，就只是想要幫忙他，等他事業穩定些，妳就想離開，但是從此妳再也在沒離開過，就一路幫到現在，結婚了，走進家庭，更是要天經地義得盡到老婆的責任，從年輕就跟先生開始創業，妳隨先生世界裡打轉，妳的世界全是妳先生給的，沒半點屬於自己的生活樣貌；妳以前對生意經全無一點經驗，全憑先生在外面打拼業務，這一路你們夫妻倆吃了不少苦頭，被騙被倒，這是每年都會上演的爛賬，先生爲人忠厚老實，說穿了，就不是做生意的料，成本控管、商人圈套、客戶不講信用，每天都是傻傻做，只要有機會就去搏，其實有時反而是陷阱，妳先生常說不去做，怎會有機會？是這樣沒錯，但只對了一半，機會是要去爭取，但也要看贏面或輸面的成分佔多大呀！簡單說就是風險評估而不是傻做，有的騙子心懷不軌，就專找這樣的人下手，努力並不能代表能賺錢，有時反而被倒更多的錢。

妳們兩位從二十出頭就開始創業，身爲老婆的妳，就是負責財務，說好聽一點是財務大臣，講實際一點，就是追錢借錢調錢的工作，妳必須與銀行打好關係才能借貸，妳必須起會跟會，妳必須向人調頭寸，被賺走利息及被倒的錢，足足可以讓你們買一棟豪宅，但是，總是事於願違難以如願，豪宅都是在被別人手中拿走，先生個性優柔寡斷，處事能力是逃避，對事情瞭解深度及分析也是一知半解，可以不要虧本的錢，但就是因爲他的判讀及心態都錯了，也就失誤了，虧了財務，讓妳不敢再相信他能力，因爲先生給了這商業舞台，妳瞭解到保護自己、訓練自己、堅強犀利的重要性，才能將損失降到最低，妳就是這樣被迫訓練出商業能力，妳就是這樣環境下開始學習成長，所以當有人好奇爲何妳這麼強勢時，其實，妳是不得已的，因爲要捍衛家庭，爲了避免外來傷害爲了生活平靜安全。

說穿了那變成是本能那也是很無奈的，但是，這是妳的選擇所以妳甘願無悔，來自年輕時的天真選擇，妳付出了最大人生成本，在五年級生甚至更早年代女人都是如此，反觀現代女生聰明多了，自我價值是最重要的，寧願不嫁，也不願好傻好天真，無論多愛，畢竟現實生活的殘酷，是會讓人害怕驚醒，回到理性現實層面人就會清醒。

每個人都會說要爲自己而活，每個人也都會說到老要找個伴，身體的伴，生活的伴，心靈的伴，好多喔！全部要加諸在一人身上，其實，那是空談，能如願也是少數，所以，在這樣艱難的環境下，只有自己堅強，堅定自己人生目標，無法再信任也不願多添麻煩，對於老公妳已不寄予希望了。

就自己給自己加油打氣，自己挖出一條路來走吧！其實妳不老的，外表還是非常有魅力，那是一份勇敢散發出來得自信，愛是無法以重量來計價，憑感受憑願意憑甘心，妳沒不甘願，順命但不認輸，見妳真正想爲自己而活了，來得剛剛好，圍繞別人大半輩子，是該爲自己生命發出一些光采，是真心也是情義，前面的路，雖辛苦驚險也造就妳的膽識及歷練，無懼無求勇敢美麗展現自我，跑跑跳跳飛飛，展現妳最美的魅力，那就對了！我鼓勵妳勇敢堅定，往人生下一站努力奮鬥，至於婚姻妳就暫且別想了，你的老公讓妳失望了，但是妳不能對自己失望，收起悲傷，讓婚姻平靜結束安靜走過，莫傷和氣，好好談離婚的問題，一個人，不也有一個人的精采不是嗎？

02

大嫂

真正的生命力，就是在多重親近關係中，扮演最穩定及最堅強不逃避的人生觀。

常常聽長嫂如母，尤其是在傳統父權大家庭下，其實當大嫂是非常辛苦的角色，尤其嫁入的不是有錢人的家庭，沉重生活重擔，嚴厲難伺候的三代同堂家族，奔波勞心是妳命運角色，但妳從不悲情，妳總想要做的最好讓大家不要那麼辛苦，替大家多分擔些，妳心裡總是想著這一大家子，妳幾乎沒想到過將自己排在第一順位，身爲大嫂的

妳，就好像要像女超人一樣，公婆、小叔、小孩、先生工作等等……永遠都有忙不完的家事，永遠都有一堆煩事等著妳，沒人會多替妳分擔只會增加妳的負擔。

年輕不懂事的先生，不能體諒妳的辛苦，整天不務正業，懶惰也愛小賭，因爲沒錢也只能小賭過過癮，妳很痛苦，恨自己先生不長進不爭氣，但是眼淚只能往自己肚裡吞，因爲妳把所有的寄託全放在三個孩子身上，日子就是這樣一天天過，時間過得很快，尤其是對忙碌的人來說，轉眼間孩子長大了，一一都嫁人也都找到好歸宿，這對妳來說，那是妳人生最有價值最美好的滿足，而且是最驕傲的成績單，因爲孩子個個都孝順貼心，了不起的女人的作爲，不卑不亢爲求的是家庭完整，奉獻所有心力包含青春包含眼淚。

對於妳這樣的女人的堅忍毅力我感到十分佩服，記得妳曾問我說：老師妳幫我算我何時會有好運會出運？我總是笑著回答說：不用算啦！只要妳走得出這大門，離開妳夫家，妳就出運了，而妳也總笑著回答說：也對啦！老師妳說得對啦！我就是離不開那個家啦！我曾想過，我要離開，但我真得不曉得我可以去哪兒？所以我就離不開了。

多誠實可愛的回答，是呀！要是換成我早逃之夭夭大喊救命呢！其實我私底下然而也暗自也算過塔羅，妳的心性就是像塔羅牌的《愛人牌》一樣，那是一張沒有臉的隱士祝福，妳就是將自己隱藏起來，傻乎乎也心甘情願的付出所有層面的愛，其實在妳內心是渴望有自己成長的空間，這麼多年來妳將自己隱藏，那是我的發現，來自原生家庭的貧窮，十五歲進入婆家學習理髮，沒想到被婆家的大兒子看上，就這樣十八歲懵懂年紀就進入婚姻進入大家庭，記得當時妳入門時，婆家還是當地數一數二的有錢人，妳的母親也正歡喜著妳可以嫁入這樣的好家庭，然而誰知命運牌局，是如此殘酷如此多變。

好景不常，這樣好的經濟環境並沒持續太久，公公因作保關係被朋友詐騙，房產一路被迫賣掉，屋漏偏逢連夜雨，婆婆也跟著被倒會，妳也開始真正面對最現實的窘困的生活，賺的錢永遠都是日不敷出，一天到晚追著錢跑；那時小小年紀的妳，對應像現在是花樣年華青春無敵的少女，應該是盡情享受著青春，而妳過得是爲人妻爲人母又是媳婦辛苦角色扮演，幸好婆家也因爲有妳這樣好媳婦，孩子有妳這樣好母親，先生有妳這樣好太太，就在這樣隨時在風雨飄搖的家庭，也因妳樂觀堅強，帶給婆家安全穩定，這樣的巨大能量不是現代版的超人嗎?老天爺知道妳的堅強終究還是會回饋妳、補償妳。

妳的孩子也長大成人，兩個如花似玉的女孩也都嫁入好家庭，而且妳現在已是阿嬤了，漂漂亮亮的年輕阿嬤，這樣的人生路程有多麼不容易、有多麼不簡單呀！妳是最稱職大嫂，妳的韌性及毅力是妳人生最美的化妝品，而且是獨一無二了不起自家專屬化妝品，在台灣像這樣的女人故事非常多，在非常多的角落，正發生著平凡不起眼的女性上演著了不起用傻勁，用愛、用淚水，撐起不平凡的一生。

03 二嫂

在人生當中有很多都是我們無法了解的，這到底是怎麼一回事，我們被迫處於一個模式，而且是如此的位置，這就是命，唯獨愛及勇敢才會讓這模式改觀……

命運真得很奇特，有時可能我們的大老闆老天爺懶得動腦，就乾脆將命運相近的人全丟在一塊，一起面對生活，在婚姻中，大部分女人都是宿命且認命經營著婚姻；尤其是當孩子一一出生以後，偉大的母愛能量發揮到極致，要承擔的責任更是重大，我經常看路邊或夜市擺攤幾乎都是女人，蹲在路邊洗碗，路邊清潔員也是女人居多，女人的身段可以放下，可以柔軟，所以我常說，女人是穩定社會的重要力量。

我想這是我們大老闆老天爺的巧妙安排，一切盡在不言中，我常說，男人這輩子只要做對一件事，這輩子就對了！那就是娶對老婆，這輩子就少些痛苦，多了幸福。

瘦弱的妳，年紀輕輕走入家庭，傻傻的就這樣進入一個以大男人爲主的大家庭，白天工作晚上還要侍奉公婆，孩子也相繼接連出生，起先不知先生原先家庭情況公婆就是愛賭，將愛賭的遺傳因子，遺傳給妳的先生，好賭的先生在不知情情況下，嗜賭成性，也因外頭賭債高築，讓妳們家庭生活沉淪還債的緊迫恐懼當中，面對外頭的追債動刀動槍的恐嚇，這樣辛苦、這樣恐懼，有哪幾個女人受得了；妳始終在那樣黑暗日子拼命工作，還好孩子慢慢長大懂事貼心了，妳堅強勇敢的守住先生、孩子，守住家，因爲良善的妳，不忍心家就這樣離散，這就是傳統的台灣女人的特質！

眼淚只能往肚子裏吞，該面對的現實難堪，還是一一得去面對，我問塔羅這是怎樣一回事，我想了解那是怎麼一種感情情懷呀？如此之偉大認命，被命運擺佈著，塔羅給我一張牌，那就是《女皇牌》，慈悲就是她的特性，來自母性的關愛，來自付出奉獻的心意，對身邊的人捨得，原來如此呀！這不就是台灣女人的特質嗎？

整整十年時間，妳一直都還賭債；記得有一次債主打電話來，不客氣對妳放話，要殺要剁妳老公，妳當時聽了很害怕，求助無門的妳崩潰痛哭，妳打給你公婆求救，卻聽到是，就讓他剁呀！妳聽了這句話非常寒心，這不是你兒子嗎？這是怎樣一個奇怪家庭呀！難道是妳活該，還在忍受這樣的鳥事嗎？嫁入這樣家庭，說真得，好無奈呀！將自己的命運賭上了，只能認命只能咬牙苦撐，妳很有智慧的跟妳公婆說，你有四個兒子，而我只有一個老公，我不可能讓這樣的事發生，這話說得多有情義呀！

這輩子生命中僅有唯一男人，再不好，再不對，都是妳老公呀！這是多麼偉大女人的格局，她轉化了負面的情緒，一心期待趕快還清賭債，努力勇敢拼搏著，這樣堅強且心酸日子，就在孩子開始出外打工賺錢，一起協助妳面對問題，妳也總算熬出頭了，生活還是很拼搏，嫁雞隨雞嫁狗隨狗，陪著先生護著孩子，這份心意妳先生孩子全看懂也看明白，看著妳們可以重新買新家，真替妳感到開心。

台灣女人性格特質真得很好，台灣男人真有福氣，幸好妳家老爺現在不賭了，而且對妳唯命是從，這是妳應該有的公平回報，妳現在還跟先生一起努力，女兒也貼心孝順，相信未來你們會更好，二嫂！要加油喔！會更好，一定會的！我深深相信著。

04

不能上架的婚姻

品質再好，若策略是錯，那商品一定賣的不好，再來就可能倒地、收山，愛情也是、婚姻更是。

決定了連續一通通電話中，發現彼此價值觀竟然是如此不同，思想差異如此巨大，天呀！這好像發現外星人異物入侵地球一樣，妳一時之間惶恐到失眠好幾天無法入睡，整天魂不守舍、心事重重，妳倒抽幾口氣回想這段婚姻，妳與先生之間的婚姻怎會變成如此呢？是環境還是朋友改變了這一切？還是先生自己的心態問題，妳來問牌告訴我，妳先生的轉變，而且是妳從未發現的另一面，是不成熟且幼稚、愛爭辯、說謊的先生，這讓妳打擊很大，這對妳來說像是小丑的婚姻，妳竟自我嘲笑了起來。

這段婚姻妳花了快十年的時間，才終於認清看見事實原貌，妳抽出四張塔羅牌來，其中有一張我仔細探討它，那是《倒吊人》的主牌，表示妳必須透過困難及受苦來蛻變，這是非常不舒服的內在運作過程，而改變是痛苦且必須的，所以妳必需得面對，那是心靈成長、自我蛻變的一部份，其實本來一開始你們倆就是很明顯，南北半球不同物種，因爲妳相信愛可以無敵，相信愛可以感動天地，相信愛就可以改變對方，這是愛沒錯，但是在現實中那是很困難的愛，要期待對方改變那更是難題呀！

不是妳願意事情就照妳要的結果想法去發展，妳一開始就挑上最難的跑道，硬扛妳還果真給扛了十年，這真得非常不簡單呀！說實在我對妳的莫名的傻勁勇氣，我既心疼也佩服，這麼大難關都可以接受，爲何在這節骨眼的小事卻陣亡了，我想我猜，其實你們過去每一年某一些天，都遇上這些問題，反反覆覆、吵吵鬧鬧的結束，談了又談、哭了又哭，又原諒又重新開始，其實那十多年前，一開始愛的清新味道早已發臭，誰也沒對不起誰狀況下，冷漠逃避是最大殺手，彼此都不想好好經營呀！婚姻像產品，賣不好要檢討、要改善要經營要不就是過期或荒廢了不能上架，那就下架呀！說再見才有嶄新開始，無數次糾結，放下轉身才有未來，愛過就不後悔，不後悔的愛才是對得起自己及對方，很多人都說會對誰誰交代，我想那是最害死人的口號，因爲在愛裡的「交代」二字，除了是責任還有一份不得不的沉重呢？何必呢？

等什麼？盼什麼？女人妳應該勇敢，妳應給自己一個交代，而不是靠別人來給妳交代，好好充實自己，投資自己腦袋瓜那才是底氣，也才有活路可走！

05 可以當老大也可以當小三

鼓勵自己的心，勇敢出發吧！而不是停留在負面的情緒狀態中浪費生命……

不該放手也該放手，生命的不明白及不解，有時當下會很無力，或許要離開才能有美感、才有活路，大家都要有活路走不是嗎？那就先由妳開始，自己先轉出一條活路，其它就靜靜的不要再多說了，該說都說了，再說下去就都沒意思，不是嗎？

妳來問牌，發現先生有小三的跡象，所以妳急於找我，想問問塔羅牌，看看到底妳發現的跡象，是不是真的，我請妳抽五張牌，從牌面看起來，都是正面牌比較多，然而其中有二張牌是比較要妳多留意關於自己，一張是《盤之十》一張是《盤之皇后》，兩張牌是希望目前妳在婚姻裡，先放鬆及接受的狀態也請多休息，不論現在周遭發生什麼事，妳都要處於一種休息放鬆滋潤自己，而且活在當下，一步步對外展開自己，單純的肯定自己信任自己，這都是塔羅對妳的提示，我看看牌面，目前是看不出有小三問題，還不明顯，但可以看出妳先生對妳感覺已是疲乏無感了，生意場合應酬難免，燈紅酒綠、是非之地，那是會迷亂人心、誘惑人心的地方，久而久之真得會出狀況呀！

不用問，我也知道妳害怕失去婚姻，嫁進夫家十幾年，老了沒以往年輕時的臉蛋及身材，況且現在年輕辣妹有的是為了錢不擇手段，妳根本不是她們這幫辣妹的對手，但是話講回來，若是先生只迷戀花叢間，這樣的男人妳還要他幹什麼，不是嗎？

我希望妳好好思考，先靜靜讓自己體會生命中的感情功課，讓自己冷靜一下，莫衝動、莫多做評斷，我請妳笑一個給我看看，妳不知妳多久沒笑了，去走入人群吧！休息夠了，可以去找份工作回到職場，走入人群找回妳的自信，找回妳的舞台，出發吧！妳愈出色，妳先生就會愈愛妳，去找回自己的自信吧！多愛自己，讓老公覺得妳比外面的女人還棒，他就會乖乖的以妳為榮喔！

女人真要對自己有信心，自己可以在婚姻中當老大，也可以當小三，哈！這招不錯吧！試試看喔！

06

由愛生恨

我想愛一個人的終點，不是愛而是恨，那樣的過程是毀掉自己及別人才罷休的失敗人生……

小林是非常優秀的小女生，個頭嬌小的她，是位剛從學校畢業沒多久的小丫頭。本身堅毅個性使然，所以在學校課業及其業務工作上的表現都是非常優秀，第一次跟她接觸就直覺她有不一樣年齡層孩子的思維，非常早熟懂事而且需要一直拼命工作賺錢，我好奇問她爲什麼要這麼拼命，她不多言，後來慢慢的多次接觸以後，才知道她的原生家庭有一些問題存在。

她的父親長期在外頭工作，是典型的業務員，可能大部分時間都在外頭工作，陪伴母親時間就減少許多，再加上可能夫妻間疏於長期溝通深談，使得這個家庭出現很大的風暴，這風暴來源者是母親，母親可能得不到先生感情安慰及疼惜，導致整天疑神疑鬼，家裡氣氛已是非常糟糕，家中每個孩子及先生都躲母親遠遠地，沒人理會及想接近母親，是因爲怕風暴會隨時發生；小林的母親一共生了三個孩子，小林是家中長女，所以她也是直接接受家中負能量最多的孩子。

這對她小小心靈成長，其實是一個難以承受的負擔及煎熬，她不明白大人世界，爲何要如此難懂，如此尖銳？小林在學期間，除了要上學唸書，還要自己打工賺學費，並且同時還要照顧二位弟妹，這樣的生活對一個花樣年華的小女孩，是非常辛苦及心酸的，然而幸好小林是有榮譽感又上進的好孩子，是全校第一名畢業，而且英文能力還頂呱呱呀！這樣孩子小小年紀所展現堅毅的能量，多令人欽佩，連大人都比不上呢！這世界上沒有完美的人，沒有完美的故事，母親在可能極度沒有安全感之下，開始掌控全家金錢猛刷卡瘋狂消費行爲，家中現金不知流向，家中大大小小所賺的錢母親都要掌控，甚至連父親退休金，她都想盡辦法拿到手上，就是無所不用其極的手段要得到金錢，照道理說，這樣情況下，家中經濟應該就會好轉呀！然而，家裡居然到現在還都在負債當中，這爲數不少的錢到底去了哪裡？沒人知道，只要一過問母親，她就不高興的大吼大叫，甚至還會出現在父親的工作場合鬧事，也曾揚言要帶著孩子自殺，諸如此類瘋狂行爲，沒人制止的了她，沒人救的了她，大家都閃躲的遠遠的，很明顯她母親病了，在愛裡生病了，有這樣好的先生及優秀的孩子，她全沒擺在心上，一心只是懷疑先生可能外遇或出軌，一直懷恨兜圈子走不出門。母親找不出線索，就把家裡搞得烏煙瘴氣，沒人會喜歡這樣的女人，同情歸同情，但是日子總不能這樣過下去，弟妹還在就學，身心早就受到不良的影響，恐怕再這樣下去只有更惡化，母親會做出什麼樣的瘋狂行徑，誰也不知道，我曾爲這樣的事情，請教過塔羅，我不解爲何孩子及先生這麼優秀，母親卻是如行荒唐行徑；塔羅給我一張牌，那是一張《煉金術》的牌，這就是藝術，是呀！人生的鍛鍊修練不就是如此嗎？這對小林人生來說，莫過於如此，煉金術的人生。

在愛裡，怎會有這樣的離譜情緒行徑發生呢？因爲缺愛，因愛討愛，家庭變成這樣，任誰都受不了，知道母親是非常深愛父親，但我認爲他父親早已心涼了，愛走了，剩下就是責任，弟妹誰都不能帶開，一帶開，她母親就要自殺，但孩子已經受不了母親如此瘋狂行爲及情緒反應，可憐的女人在愛裡，求愛討愛，得不到或心不被滿足就破壞及踐踏，這樣的復仇行爲多麼不值得呀！在愛裡不應是這樣的，那已成恨，由愛生恨，那是人最可悲的失去。好好珍惜愛，愛不難懂，愛就是關心、陪伴及自由呀！給愛及家人多一些空間，多一些體諒，這樣的家庭才是真正幸福的家庭。

07 再生

生命旅程在於體驗學習，戲劇化的變化及重大事件發生，代表過去舊有模式瓦解，需發覺更深更高的覺知，那就是「再生」。

不要有太多的感覺因爲那會痛，不要有太多的覺知因爲那想逃，不要有太多的所謂因爲沒人在乎，不要有太多的應該因爲那一點都不要緊，看淡一些、看遠一些、看模糊一些、看輕一些，那或許才能呼吸，才能活著、才能盼望、才能走過，多麼沉重的一段感觸。

這是一位來找我問牌的媽媽，先生長年在內地工作，幸虧有妳在台灣照顧孩子及家庭，雖然先生不在家，身兼父職跟孩子三人在台灣生活，原本幸福美滿的家庭，卻也因爲孩子在叛逆期發生不好的事情同時也讓妳看見先生心態逃避及無能一面，妳很心痛，然而這一切都太晚了，妳此刻好想逃好想離開這婚姻，逃的遠遠的都好，妳對婚姻承認失敗。是呀！可以感覺出一個人絕望時，又得同時想出對策解決事情，是多麼折磨人呀！慌亂無助妳，來到我工作室問牌，我一見妳，妳就問我老師怎麼辦？我到底要怎麼做，我真得不知道應該怎麼處理這樣的事情？

我請妳抽出三張塔羅牌來，其中有一張牌是《杯之八》那是表示在感情狀態下已被榨乾精神及靈魂都已精疲力竭，目前只能麻痺或怠惰，現在的妳只能如此麻木些，我要妳腦袋多休息，其它莫往壞處想那會耗盡自己，到時連挽回餘地都消失了。

這時是妳人生遇到重大打擊的反應，兩位孩子都在叛逆期，賀爾蒙正在快速的成長，身體外型開始變化，然而心理也是開始要強化教育，而且是正確的輔導，需要給予正確人生觀正面積極的態度，然而相愛容易相處難，孩子在小時候，夫妻倆人全忙於事業，沒好好教導孩子，現在台灣就妳一人處理出事後待解決的麻煩問題，但先生這時又補了妳一槍，不認同妳的觀點，並且嘲弄妳，說妳沒有上班整天在家胡思亂想，才導致今天的局面。

先生這樣的說法，對妳的打擊之大，而且還是當著妳孩子面前說，是妳沒料先生會放這樣冷箭，意想不到先生是如此冷漠及無情的指責，這事件不是妳一時之間可以解決或可以照妳方式處理，一向妳是冷靜及能處理狀況的女人，此刻妳真亂了頭緒，因爲知道一處理方向偏差，極有可能造就更大錯誤及傷害，所以妳得小心翼翼，四處拜託及了解相關法律面的影響，這對妳來說，一向妳是善於掌控及解決所有場面的人，幾乎每一件事情都在妳的覺知下發現，因爲這是妳最擅長的，但是這一回真的是讓妳頭疼了，看妳心急擔心的模樣，我都替妳難過及心疼起來，知道妳因爲這樣的事情發生，迫使很多計畫都得停擺。

妳真的好失望好灰心，不明白爲什麼要發生這些鳥事在妳身上，莫急莫亂，這是妳「過渡時期」遇到亂流區，先讓大腦休息，也靜待此事變化，冷靜處理只要有愛有耐心，相信我們的大老闆老天爺會讓事情圓滿的，身爲女人我可以感受到生命重大功課此時真正上演著一邊是婚姻一邊是孩子，自己好好靜靜想想，想逃那不是辦法，而且事情會愈鬧愈大，爲了大局我知道妳會忍下來，並將事情處理解決，事後再來好好跟先生說說妳的感受，這點我也鼓勵妳去跟先生好好談談，畢竟人都會一時之間犯錯，提出來溝通不逃避不攻擊對方狀態下，好好說個明白，妳責任重大辛苦了。

有時身邊的人，反而會是傷害我們最深的人，這就是宿命，此生就是要來學習，愛及圓滿的功課來著呢！然而今生學不會，來生要加倍，那可不划算喔！讓這輩子學習愛的再生，是有機會可以復原活化妳此生的美好。

08 你會來牽我的手嗎？

感情的眞實的慾望，就是眞實的愛你所愛的人，稍微用心及主動，其實妳的女人就很滿足了。

你會來牽我的手嗎？還是我的獨立我的堅強，你已忘了我是女人這件事。現在很需要真得非常需要，你能牽牽我的手，而不是常丟一句話：妳自己處理！這是一個女性朋友對我訴說的感受，因爲對岸商業經貿頻繁，所以她老公在對岸工作，期間她也曾與孩子一塊前往內地生活，無奈孩子無法適應內地生活，所以她只好帶著孩子回到台灣獨自生活，從此就過著「台獨」生活。

生活偶而會發生一些需要先生處理的事，因爲女性總是對某些事，是比男性較不容易面對及處理，每回她打電話給先生，先生總是說：我人在上海，要不然等我回去再處理，妳知道有些事是不等人的，有些事情的發生，是你不在台灣當下才發生，久而久之妳學會自己處理事情，不在依靠先生，也沒法靠呀！有時先生就像是皇帝或總統，就只聽事情最後的結論報告，因爲得不到先生的溫暖回應或鼓勵，這些不舒服的感覺妳已累了，先生回答的答案，有時會讓妳覺得好冷血，沒有溫度的回答還不如不回答。

妳覺得自己是被討厭嫌棄的，我想那已不愛了，僅剩是責任，關係薄弱的維繫，對啦！妳忘了，妳不是都一向大大小小都自己處理了嗎？哈哈哈！所以先生也以爲妳就該是那樣，是呀！這是妳自己造成的，但是這也情非得已，算了，現在再來說這些似乎都稍嫌晚了，妳這樣跟我說著，環境訓練出來的精明那是不得已，這時反倒是成了妳最大的痛腳；妳來問牌想要問問先生與妳之間是否該結束了，因爲妳感覺不到愛了，過年過節別人成雙成對，而妳自己反而是孤家寡人一位，孩子大了也有他自己朋友圈，妳就是孤單一人的台獨份子呀！

我幫妳算牌，其中有一張牌是《杯之五》及《劍之四》可以看出目前妳們的關係是處於互動冷淡，甚至是沒有能量交流的期待感，夫妻相隔兩地，因距離看清及考驗許多事，不簡單的一對呀！爲了生活必需如此，其實想想，真要到對岸才有未來嗎？把台灣家庭放在一旁，少了參與孩子的成長過程，少了家庭歡樂，這一切取捨間端看個人智慧，但往往事於願違，一般人往往是不願意改變現況，愈來愈沒勇氣，就這樣可能夫妻關係就畫上休止符。

我常碰到女人來詢問婚姻關係，林林總總各式各樣，最重要我看見是，女人有了婚姻之後，容易對自己失去自信心，成天圍著婚姻老公孩子繞，沒了自己的影子，我也想問問身旁的男人一旦你結婚了，夫妻彼此過了一段時間，你還會疼妳身邊的女人嗎？你珍惜嗎？老婆還沒嫁入你家門時，一粒米，一滴水都沒碰過你家的，不明白爲何你們一旦把女人娶進門，大部份就再不珍惜了，有些女人會變成像男人婆，其實這都是有原因的，天底下沒有女人不需要被呵護被疼愛的。

然而現今社會看來，男人事業在草創時期，兩人辛苦打拼爲得是節省開支，夫妻同心，齊力斷金，妳想起當年妳們一起打拼模樣；那時妳還真是勇敢呀！大小場面妳都得應付，所有難關擋在先生前面，天外飛了一些些狀況，要懂得「危機處理」公司才能降低損失，這一切切都是妳得沉著面對，也就造就成妳就是會獨立思考及處理事情，就是自己一人可以獨立完成；天呀！妳表面上是嫁給一個男人，但他是把妳當成男人了呀！長期下來妳累了，妳也需要有個臂膀可依靠呀！但是妳發現，其實妳一直都沒真正擁有過，所以渴望他能明白妳的意思，我想他是被妳寵壞了，就像是機器不常使用退化故障了，或許他對愛也退化了，勇者無懼！既然是靠自己的命格，建議妳將生命步伐放慢下來，培養更勇敢及柔軟的心，平靜過日子吧！

至於他會不會來牽妳的手，我想那位大牛先生應該不會，因爲在妳面前他已習慣一個口令，一個動作，不動腦不會改變了，需要妳親自開口，要不天都塌了，他也搞不清楚是怎麼回事，因爲沒用心，在婚姻裡妳是嫁給是一頭牛！所以他不會來牽妳的手，而是妳要主動去牽他的手，因爲是頭牛唄！

09

黑狗兄

無論你是誰？生命總是很實際的元素，燃燒著你的愛及光。

從以前你就這樣往返於醫院及家裡，好多年了，這樣的生活，你始終都是這樣細心用心照顧你的老伴，有情有意的陪伴你的另一半，八十歲高齡的老婆，幸好有你陪伴在身邊，這對老太太來說，就是一個穩定健康的力量；命運總是捉弄人你的老婆，你老婆一直在身體上遭受折磨，大大小小手術，例行性的洗腎，都是你這高齡八十幾歲的先生，親自送她去醫院。

陪伴老婆洗腎，這樣的情況已有多年了，其實人都會累，心累身也累，年輕時你是被稱爲「黑狗兄」的瀟灑人物，愛喝酒、愛賭博、愛交女朋友，吃喝嫖賭樣樣來，甚至還帶孩子去女朋友家中睡覺，這是何等荒謬，何等荒唐，然而你的愛妻無聲的隱忍接受著，一味得傻一味的等，辛苦養家將四個孩子拉拔長大；歲月呀！總算讓你心軟回了頭，你明白對你老婆的虧欠。

前幾年你開始帶老伴去遊山玩水，去戶外走走看看，但偶而還是改不了老毛病，還是會去賭博，但也不忘帶著你老伴一塊；哎呀！爲何都這麼老還是改不了壞習慣，沒辦法，這是你從年輕就是這樣習性，老了小玩娛樂消遣一下其實也無妨啦！

後幾年你的老婆生病了，生活上要家人照顧，你這位黑狗兄開始出乎旁人意料之外，你像呵護小孩一樣，細心疼惜照顧你的老婆，縱使彼此年華老去，你餵老婆吃飯，你餵老婆吃藥，爲她照料生活上所有的一切，你就是他的特別看護終生義工，你願將世界所有的美好都給你的愛妻，這樣的行爲讓旁人及家人都感動，知道了，行動了，總比麻木不仁或逃避好多了，當你在跟你愛妻講話時，希望她快點好起來，口口聲聲話語令人動容，我看了真的內心很感動，這就是真愛呀！

今天你愛妻在開刀房開刀，八十歲老身子還要接受生命考驗，你在開刀病房外焦急的守候，其實你不也老了嗎？八十幾歲的老先生了；夫妻相伴還能擁有多少時間，我知道你珍惜你們之間的感情，你也在盡力保護你的愛妻，會沒事的！

我想，黑狗兄已經懂得尊重及溫和的照顧這世的情緣，你對待你們夫妻之間的感情，是柔軟且細心，這樣微妙的能量，會帶給你安心及快樂，而你的伴侶也是以一種非常信任的能量與你連結，有些打情罵俏的情趣不從你的嘴巴說出來，然而你們相處的點點滴滴，給我們晚輩留下最好的模範，這已經是超越一般男女感情，自由且的敞開你們之間的愛情，也讓我們感受到，真正的愛是一種付出。

我要祝福「黑狗兄」依舊瀟灑，自己的身體也要多保重，黑狗兄加油！我暗自抽牌想要了解這是怎樣一個轉變？抽出的牌是《仗之騎士》，代表的意義是，你的能量是正向堅定而且是行動派的，你知道自己要做什麼；是呀！黑狗兄年輕時不明白愛，現在的黑狗兄知道自己要做什麼，堅定且用心照顧愛護他的老婆一生一世。多麼可愛的「黑狗兄」呀！該給他一個大大掌聲，大聲說，「黑狗兄」您是最棒的老公！

10

塔羅之歌　愛自己之一

前世業力將我綑綁在你撒下的天羅地網，我無處可逃！時間！是我僅有時間，是我唯一的武器……

這是她第二度找我算牌了，聽說她曾找急於找我，愛算命的她身邊也不乏懂命理的朋友；還記得第一次幫她算牌，我跟她是完全陌生的，記得那天是在一家美容公司，當天有四位女人找我算牌，她是其中一位，當時她的情緒反應就讓我非常驚訝，解牌時還一度被迫停止；當時她聽我在解牌時，突然哭著跑去撞牆，久久不能停止，幸虧朋友拉住，當時哭喊的記憶，到現在我還無法忘記那一幕。

在那當時，我算出這是她們夫妻倆前世業力，而且糟糕的是，她老公還撒下天羅地網讓她無法脫逃呀！其實我真不曉得當時她問什麼問題，我要她將問題告訴塔羅就好，解牌時我講出她的心聲及目前婚姻狀況，她當時承受不住崩潰了，因爲我說出她的痛苦及無解的處境。

再度見到她，還是一張寫滿哀怨的臉，眼睛裏說明了疲憊及無奈，並不是我不願意幫她，而是事情的嚴重並非我三言兩語可以解決的，這在我第一次算牌時，其中一張牌就明顯已告知了，然而在她對我說了一些事情發生狀態後，我決定還是幫她算牌，就取她爲「美君」好了，美君其實是一位能力超強的期貨高手，個性海派典型大姐大風格，聽說早些年還擁有十幾棟的房產，現在的她，雖不像以前風光，但是還是擁有不少房產，然而可笑的是，現在的美君是過著四處躲藏寄人籬下的生活，自己明明有房子卻不敢住，曾經是那樣風光，如今卻是如此要躲躲藏藏，美君做錯了什麼？

美君嫁了一位非常可怕的老公，肉體及精神虐待不說，只要是靠近美君身邊的男同事或朋友，她老公也會傷害其朋友，被告上法院也不怕，這樣讓美君很難做人，因爲會無端將朋友捲入波及，這不是她可以承受的人情債，反正美君老公就是不要讓美君離開他的視線，像魔鬼一樣的行徑，美君再也無法承受忍耐，她親口告訴我，有一天她差點把他老公給殺了，當時當時美君一定是情緒崩潰，任由自己瘋狂，好似是瘋了，那時她想要死，跟先生一起死，「反正我被你糟蹋成這樣，我殺了你，要不，就你殺我，我們一起死。」當下她死意堅決，美君快被逼瘋了，同歸於盡是一種方法，從此不用在這麼痛苦，美君不是沒想過這麼做，但如果這麼做，三個無辜的孩子怎麼面對往後的人生，那對孩子傷害層面有多大啊?!

這位魔鬼老公前年從大陸回來，與其說是經商失敗，倒不如說是床頭金盡，人財兩失落魄回來，當初在大陸經商，也是美君提供資金，協助她先生創業，娶了一位「搖錢樹」，也就理所當然放心胡搞瞎搞，直到被騙光所有的錢，又死不要臉回來再次糾纏美君，美君坐在我面前，我要她將問題告訴塔羅，我算牌幾乎是不用將問題告訴我，因爲通常大多數的人，一開始會不好意思將問題告訴一位陌生人，即便是來找我算牌，心裏還是會有障礙呀！我希望朋友將問題誠實告訴塔羅即可，除非事後當事人願意與我分享她的問題，我只是真心扮演一位讀牌師，將塔羅要告訴美君意思，我憑直覺及牌面的告訴美君，那天美君抽了三張牌，其中有一張關鍵牌，就是《杯之么》，美君再度落淚，斗大淚珠在我面前滑落，那樣的痛，那樣的傷，我看了心好痛……

11 塔羅之歌　愛自己之二

純粹愛自己，肯定自己，榮耀我們自己，這是生命存在非凡的意義。

愛自己！是塔羅要給妳的功課，美君兩度抽出《杯之么》這張牌，我告訴美君，愛自己吧！塔羅要我告訴妳，愛自己吧！要有愛自己的能力，要有愛自己的勇氣，要有愛自己的方法，要有愛自己的本事，愛自己不是停留在表層，吃吃喝喝逛街血拼，四處八卦喝酒或跳舞，那只是治標不治本，從內心深處，期待妳自己，看重妳自己，爲自己活。

美君哭了，這下哭得更慘，大庭廣眾下我要她哭出聲音，沒關係別壓抑著，暫停一會兒，我讓她緩一緩情緒，我問她懂嗎？這些勇氣能力方法本事，妳懂嗎？她回答我說：我懂！我說：妳不懂，妳懂怎會變成如此呢？愛自己！從妳期待自己變成什樣的妳開始，既然與魔鬼今生要來修鍊，擺脫不了的陰影，那妳就要自己展開自救的方法，想想妳的特長，妳的能力，妳的興趣，妳的期盼，妳的人際，統統好好寫下來。

給自己訂一個「愛自己」的約定，請朋友作證，轉身才能活命啊！不是嗎？美君又掉淚了，然而這一次我看懂美君淚水裏的希望，盼望期待自己更好的能量，美君那天算了好幾個問題，也抽出許多牌，我舉例其中一張關鍵牌，我覺得關鍵是從來不懂得愛自己，對自己擁抱生命的渴望，那早已忘記對自己的愛，應該從現在開始 一點一滴尋找回來，回歸自己的靈魂，希望妳我身邊若有這樣故事的朋友，我們是不是也該提醒她「愛自己」呢？

第五篇　工作成長

命運不是一個機遇問題，而是一個選擇問題；
不是我們要等待的，而是我們要實現的。
把彎路走直的人是聰明的，因爲找到了捷徑；
把直路走彎的人是豁達的，因爲可多看幾道風景。
「路不在腳下，路在心裡」。
勇者無懼，往前輕快笑呵呵的走吧！

01

一波未平一波又起

對事物清晰的覺知，跟自我良善的本性連結，接受正面能量的啟示，一切苦難終將會過去。

我在思量，人一生要經過多少考驗及磨難，該是有命定的量吧！那該是多少才算是足夠才算是交差呢？跟我合作的老闆，是我闖蕩江湖多年來，頭一次遇到特別高手，讓我跌破眼鏡的高手，他從事 PVC 模具開發，從配電材料到現在環保健材，這一路開始辛苦三十年的創業生活。

蔡老闆他從沒請過業務，都是姜太公釣魚論點，靠著就是口碑行銷，而且業績每年都在正成長，怪吧！真是厲害角色，現今社會還是有這樣一步一腳印的人，像蝸牛一樣慢慢往上爬，慢慢的成長，其實我問過他怎麼是這種生意模式，他說：他真得太忙，台灣三個廠及大陸一個廠，生活每天都過得忙碌踏實；蔡老闆爲人處事謙虛及與人爲善，用心踏實一手建立起他的零件王國，事業在發展當中，難免就會出現讓你更成長的考驗，蔡老闆的事業當中就出現這樣像同業排擠，仿冒告發，被客戶跳票等烏龍事件。

人活在世上，就是會遇上許多讓我們歷練成長的對象，因爲他生意上的出色，也因爲他的良善，讓許多同業眼紅，這是商界常碰上的忌妒不光采之事，可以正大光明在事業上良性競爭，但是現實中偏偏卻是小人一堆，暗中對付你，你難以君子之心度小人之腹來對待，但偏偏君子就是會吃上啞巴吃黃蓮這種虧。

蔡老闆本身是位發明家，公司擁有多國及本國的專利，一堆仿冒盜用他的專利同行很多，但他從來不抓他們，有一次情非得已，仿冒者囂張到無法無天地步，已經嚴重影響他的生意了，客戶急了幫他處理，要不，他從來不理會也沒時間去處理呀！反正他就是這樣傻做，因爲他說人都要吃飯啦！不要太過份，其實這也許是他們不得已的作法，就是這麼善良老實的蔡老闆，說真格，這樣憨直的個性，作生意是很吃虧，雖不與人鬥，但總是會遇上魔鬼來欺負你。

最近蔡老闆真得很煩，台灣一件莫虛有仿冒的官司，還在上訴中，今天又聽見大陸海關打電話來，指控他在十幾年買下以前合夥公司，說他們有原料三百多萬噸的原料跑去哪兒？天啊！十幾年前買下的公司現在要查帳，怎會有這樣的事，況且當初公司規模也沒那麼大產能，太荒唐的指控，大陸海關要他親自到場說明，人還在台灣的蔡老闆相當生氣及無助，怎會碰上這樣的鳥事，真得是心力交瘁呀！而且根據過去經驗值來看，若親自到對岸說明的話，應該人就會被收押，公司也一併被沒收，面對這麼一個認真的好人，突如其來發生這樣的事真得是無言呀！蔡老闆真沉的住氣，一臉無奈樣，只是我真替他擔心，這十多年前的帳，誰知道呀？這不是擺明搞人嘛！

誰能幫他這樣的忙，我也無法呀！我打了一個電話給某立委助理，不打不氣，打了更氣，真得是政治性動物，整個態度都是官僚，官腔味十足，我撥了電話給海峽兩岸交流協會，協會性質是半政府單位的名間團體，果真人家經驗值多，一聽就說不能去，一去很可能蔡老闆就會被關，怎會這樣呀？要怎麼去找十幾年前的資料，真是欲加之罪何患無詞，我跟蔡老闆加油打氣，看他在大雨中辛苦奔波，連續遇到這麼多的衰事，還是努力工作，我欽佩這樣的認真老實人。

相信我們的大老闆老天爺一定會幫助這樣的好人，因為祂也不忍心這樣老實人一再吃虧呀！唉！台灣很多中小企業老闆真搞不懂公司法、稅法，一旦發生了實在也是會心慌，需要有正義感及好心人幫忙，非良善之人搞一堆把戲，讓老實人沒防備，儘往火裡跳，這算哪門子的生意人呀！

跟蔡老闆相處這兩個多月來，我今天語重心長跟他說：老闆你人格特質有兩個大盲點，大意及輕信才導致你這樣呀！蔡老闆說：對！我說你忙到沒時間思考，所以就碰碰運氣的處事態度，那是危險的訊息，這世上有太多陷阱，太多的眼紅的人，在無形當中，你得罪小人呀！他們不放過你要鬥爭倒垮你，你必須要謹慎因應，莫不放在心上，危機就是轉機呀！然而你處事態度不改變，這樣永遠都會一直有相同類似狀況發生，這樣不是很費時間及花錢嗎？更重要的是你的家人會擔心呀！這是我對他的直言。

我真心希望他能平安渡過，不要有這麼多的風波，會沒事地！很快就會風波平息，我由衷這樣期盼著；那天晚上我抽牌，問問塔羅牌，此事會如何發展，抽出是一張《杯之五》的牌，能量是失望不滿足的，然而內心還是有新的渴望，那表示要經歷蛻變，來自要追求更清楚的人生蛻變及清晰的洞見，生意場上就是如此，有壞人也會有好人呀！碰上了壞人還是得沉穩面對呀！深信蔡老闆他一定能逢凶化吉、化險爲夷，我們大老闆老天爺一定會來幫助這樣，良善努力的好人，這惱人的對岸官司一定會很快的雨過天晴，沒事的！

做生意競爭大家要各憑本事，小眼睛小鼻子無度量之人，通常下場都是天大及難以翻身的笑話及悲哀，所以還是要在正軌道運行才會得天助啊！

02

不想成為那樣的女人

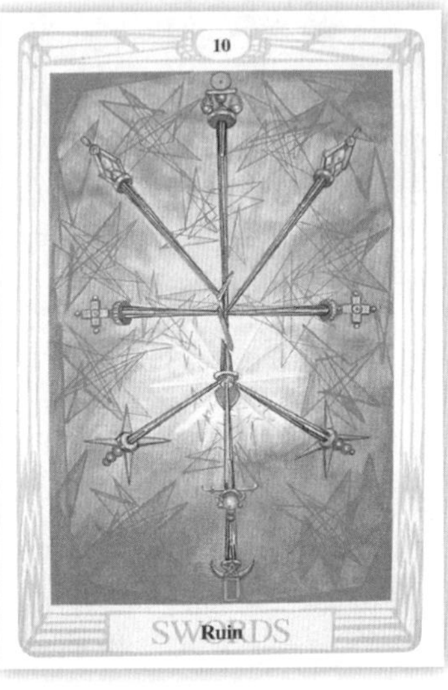

親愛的，我不能告訴你，此刻我的雙腿有多麼的累……
我正踩著，高跟鞋，呼吸停匀往真實的夢想……前進著……

一直以來妳有相當包袱及無奈，這不是妳的錯但也得被迫做出了決定，妳是喜歡闖江湖的女人，或許是命格、或許是環境、或許是反骨、妳雖是女人但在事業上是屬於「開疆闢土」型的，勇往直前決策思考商業談判在異地打拼一夫當關，萬夫莫敵的姿態，心心唸著就想要闖出名號打響知名度，用最短時間最少的成本要想辦法開出勝利的花朵，一向這都是妳的魅力及強項，這回妳卻栽了個大跟斗，妳跟這位老闆合作快半年，老闆是很好的生意人，很信任妳同時給了妳商業舞台，因爲妳的提案老闆讓妳去上海參展，讓妳去上海闖蕩去內地打拚。

帶著期許妳不敢放鬆自己，拼了命想要發光，但是突然在一個月前，合作老闆跟妳的夥伴說，他老婆不喜歡妳，也同時告訴老闆，不可以單獨跟妳在一起，老闆無奈笑著說：這真得很無奈，對妳對老闆也極度不公平，他若要出事早就出事了！

而且妳觀察過老闆，品行操守是非常相當正派的人，否則妳今天也不可能與他合作呀！品德不好的人壓根妳是不會跟他合作，妳吃過太多悶虧了，品行操守是妳最依賴的評鑑，老闆說今天除非妳放棄他，要不他不會放棄與妳在工作上合作的機會，妳非常感謝老闆這份信任這份知遇之恩，感受到老闆對妳相當的信任及器重，在妳內心妳是非常感謝的這份支持。

但是這節骨眼妳能說什麼？妳無話可說呀！除了感激老闆對妳的重視，然而老闆的老婆顧忌也不是不對，也不能不理會呀！這出於女人的自保，妳不會不理解，同樣是女人這份感受妳真能理解的！只是事業剛合作，本來就要花些時間了解工作的專業及公司方向等等……，況且這行業有許多專業上必須學習不是妳一個人可以在短時間搞定的呀！這下妳真傻眼接下來該怎麼辦？戲唱到一半，是該繼續還是下台？但是妳也沒做錯啥？妳這麼努力工作，妳幫公司在短期內建置及開發新的通路，坦白說老闆也知道妳的重要，但這讓他爲難也讓妳感到莫名，妳真沒怪誰？只是心情悶到底！

最後在去年最後一天，妳找老闆開會，妳說：我決定自己出來開公司，代理他的商品及大陸的業務，妳希望得到的是支持，成敗輸贏妳自己面對，其它妳什麼話也沒說，其實妳不會是破壞者，妳只是不想跟一般女人一樣被困在婚姻家庭感情中，妳想要藉事練心，面對成長跌倒學習蛻變等人生的課題，其它妳一丁點想法也沒有，其實相對妳還可以幫忙盯著老闆呢？只是他老婆不知道也把妳想錯想了，唉！女人何苦爲難女人，妳找我，我要你這女強人抽出一張牌，那是《劍之十》代表其實妳已經想要放棄這樣的合作關係，縱使再好的配合但終究妳還是得放棄，要不後續會有更麻煩的事要處理，那才是會阻礙你前進的腳步。

妳放下了，放下這大好機會，但是妳還是會繼續闖蕩，這是妳的人格特質，只因妳不想成爲被別人想成那樣的靠男人的女人，妳既不漂亮也不高也有些年紀了，但是妳真得只想在事業努力闖蕩，其它的無關事業的事妳腦子一點也裝不下！我鼓勵妳繼續往前，沒作虧心事沒啥好怕，讓自己成長，超脫不必要的難，勇敢抬頭挺胸朝自己的夢想前進著。人生總會遇見絆腳石，一時沒注意被絆倒，然而 繞一下彎，拍拍身上的灰塵，露出一抹燦爛的笑臉，再往下一站的難關，溫柔堅定的大步邁開。

03 爬都要爬去那裡之一

生命來到一個點，那是無路可走的點，這時你已無計可施，那就聽從我大老闆老天爺的運作安排……

小梅是我在高雄咖啡廳幫她算牌一位漂亮單親媽媽，記得那是第一次見面，當時小梅是問塔羅牌關於工作方面的問題，從抽牌當中有一張是《劍之十》，是毀滅放棄的點，我請她可以考慮當時的工作去留，因爲那份工作不是她擅長且喜歡，也不容易發揮，由其在人生地不熟的高雄，記得當時小梅的工作是金融保險業務人員，當時的工作收入並不穩定；她一隻身人從台北下來高雄工作，身邊還帶著年僅五歲的女兒亮亮，這樣的工作收入，其實是讓她沒有穩定安全感，所以小梅非常擔心後續的工作收入狀況，是否可以維持生計。

小梅氣質出眾，女兒亮亮相當活潑聰明，這對母女就在咖啡廳，我幫她們算牌，其實那時就很明顯看出，小梅在工作及生活上都不盡如意吧！一對母子從北到南，顛波不定的生活是外人無法想像的心酸，但我發現小梅，幸好還滿樂觀堅強，爲母則強的天性吧！孤兒寡母這樣的辛苦生活，更顯出小梅的偉大，這就是母愛，全世界最偉大無敵的愛。

正當我要開塔羅課，小梅說想要上課，就這樣她成爲我的學生，就在某一天的晚上，突然小梅打電話給我，當時我嚇一跳，我以爲她們母女倆發生什麼事？

她突然打電話來問我，請我幫她在電話中算牌，我說可以呀！能當面算是最好，不能當面算，電話中進行也可以，因爲畢竟我們見過面，這樣算牌是可以的，她電話中說她現在有一個工作機會，是在內地，要前往山東青島工作，條件細節都還沒清楚談好，小梅問我：「老師，我要不要去青島工作呀？那麼遠又帶著孩子，這萬一？請妳幫我算算，我可以去青島工作嗎？」我可以感受小梅當時的不安及期待，畢竟這工作不是在台灣，而是遠在內地的青島，在異地挑戰新生活新工作，又要帶著一個五歲的小女娃，這當下的選擇也真是夠難題了，我想了一想，我的直覺訊息告訴我，告訴小梅說：不用算牌了，我告訴她妳現在拿一張紙一支筆，我現在說什麼妳就寫什麼麼，我說了，憑我的直覺，總共說了七個字，「爬都要爬去那裡」！我一字一字說，妳一字一字寫，我說完了，我問小梅這樣妳懂嗎？這些話……當時小梅與我隔著電話筒兩端，瞬間彼此沉默了，然而可以感覺情緒起伏是非常激動的。

我說不用算牌了，在台灣，目前妳轉不出好機會，空等空轉消耗能量，這也許是大老闆老天爺給妳翻身的機會，就走吧！去青島！小梅說：好！很肯定堅定的說好，就這樣妳開始跟對方談論一些工作細節，一邊也開始變賣台灣的家當，賣一賣家當，換一些錢買一台筆電，就這樣妳帶著女兒及簡單行李及一台筆電，往陌生青島出發；多麼勇敢的單親媽媽，爲了女兒可以踏上未知的旅程在陌生異鄉打拚，這樣的勇氣怎不令人佩服呢？

小梅母女倆終於平安到達青島了，一開始忙著適應生活，忙著新工作的挑戰，但女人要是碰上爛人，真得是有夠倒楣，這世界就是有存心不良的人，喜歡欺壓善良的惡人，小梅不幸又遇上了，到了青島工作的小梅，又是一個艱辛的故事發展……

04 爬都要爬去那裡之二

親愛的，我如何告訴你……幸福其實是很簡單的，因為我幾乎都走過！或正面臨著，我看見或聽見，朋友的「心」苦，我大概都能明白，那痛苦及心傷的成份十用量……因為我幾乎都走過或正面臨著，然而，我始終相信，遠處的鐘聲，明天的陽光，空氣、水、行道旁的小花，依然綻放著，而我就想學那小花，開心、喜悅、小小的探出頭來，綻放著！

小梅收拾簡單行李，帶著女兒一塊往陌生的青島，開始展開新的工作、新的生活，接受新的挑戰，小梅本身是一位服裝設計師，在青島幫助一位台商在服裝產業工作，小梅在工作中一直受到另一供應商叼難，並且當初說好的條件資方也沒實際履行，日子在這樣拖下去，真得會身心俱疲，在求助無門情況下，她只好結束青島這份不開心及委曲的工作，當時從電話中知道她被青島女台商老闆欺負，連最後的薪水都不願意付給小梅，我不知道爲什麼可以不給小梅支薪，哪有這樣的人，眼前那麼一對辛苦的母女在異地生活打拼，不雪中送炭就罷了，還如此對待這對孤兒寡母，我還真不敢想像這世間有如此狠心無品之人，這對孤兒寡母，肯定又得另外找工作，小梅輾轉來到上海，想要在上海找一份設計師的工作，一個人在異地十里洋場的上海，討生活是多麼艱困及不容易，更何況身邊還帶著五歲的小女娃，我心疼也很不捨，萬一再找不到工作，那就有可能流落街頭，上海外頭溫度零下二至三度，飄著雪花，心慌孤單的小梅，一位來自台灣的單親媽媽，這時真得心慌無助，心酸無人能訴呀！

當時在我們往來文字裏，我得知這件事，我一直不斷給她打氣，鼓勵著她，深怕她負面情緒和不安全感太深，我一直不斷跟她連繫，要知道台幹要在對岸找工作是很辛苦，即便是台商開的公司也一樣，小梅去面試一家在台灣上市的童裝公司，沒想到工作經驗豐富的她，居然沒有錄用，理由是大陸年輕人工資便宜也有創意，所以台灣人在大陸已不再具有競爭優勢了。

「痛苦使人高貴」，小梅就是一個活生生例子，一對母女面對現實生活，依然堅強驕傲在異地的求生，縱使有再多的磨難，依然不退縮，人生真的要活生生面臨很多無奈及磨難，我暗自幫她們母女倆抽牌，希望塔羅能給一個答案或提醒，記得那時我抽出來的牌是《劍之一》及《星星牌》都是挺正面的牌，塔羅的意思是要小梅要有清晰的定見，並且信任自己也相信神，這一切是有希望及轉機的，看到這樣的牌，頓時我心上大石頭也放下，我們只是凡夫俗子，要有多大勇氣及堅持才能往前走啊！人生真得一關關困難及考驗再等著我們，是凡夫俗子的我們，要更懂得謙虛及慈悲啊！

幾番辛苦波折 小梅終於順利找到一份大公司的服裝設計師工作，那又是另一場災難的開始，老天爺有時很調皮總是很喜歡磨人的，妳總得想辦法跟老天爺 鬥智鬥心力，直到通過那生命的磨難，接下來，就會有意想不到的大好禮物等著小梅呢！

05 爬都要爬去那裡之三——這是妳應得的禮物

提起勇氣去做必須做的事，即使有恐懼或是困難，妳都不能屈服，因為那是生命中最美的流動……

現今還在上海奮鬥工作的小梅，此時傳來好消息與我分享，她說她今年的年終獎金有十二萬之多，那興奮的語氣，當下我可以強烈的感受她的開心，因爲她的能力終於被肯定，這一路，她太辛苦囉！老天爺也真夠考驗她了，她一路被騙被拐被無情對待，幸好她的信念堅定，相信自己努力，一定會遇見欣賞她設計才華的伯樂，可以改變擺脫顛波命運，她接受所有的挫敗，並從內心轉化創造的強大力量，就這樣一路驚險過關，但此時的她是快樂且有能力的服裝設計師總監，帶領著一群優秀的設計團隊。

小梅是我的學生，在生命快要失去平衡的時候，我們相見了，生活上的不穩定，使她內在一直有絕望的感覺，也因爲有女兒，所以她必須武裝堅強，不能輕易被擊倒；小梅真的是位沒話說的勇敢單親媽媽，一個女人帶著女兒在上海拼搏，我很開心，這次去上海，有機會與她再度碰面，人的因緣，真得是難得呀！我從高雄飛到上海，她見到我非常熱情招呼我，我很感謝她，更開心的是，現在的小梅是真正的成功了，工作中被大老闆賞識，並有極高的職位，這一切是經過多少挫敗困難，得來實之不易呀！

小梅現在是一位台資企業首席的設計總監，在上海主導設計，同時發表國際大秀，天生美學靈感，再加上後天勤奮的努力，目前公司國內外訂單大增，她的能力受到老闆極大肯定，是公司的福將，老闆肯定她的能力，相對薪資也是高報酬，公司對她們這對孤兒寡女倆在上海生活也挺照顧的，從青島再從上海，再回到台灣，在又飛到上海，一個女人帶著女兒四處賺錢謀生，四處流浪，生活極不穩定，就這樣過了好長一段時間；大老闆老天爺保佑，讓現在的她，活出生命最強大的自信，小梅這一對母女，大江南北繞了大半圈後，最後還是又回到上海。

命運就是註定小梅是飄浪之女，未來日子還是要這樣拼搏，韌性就這樣被磨練，故事也才會這麼精彩感動，生活的困境，未知命運的安排，一路上遇到不公平的對待，幾乎淹沒吞噬了她；幸好她有女兒亮亮這位可愛的天使，是她人生最強大的動力，一路激勵她，陪伴她，小梅的生活終於穩定些，不再漂泊，不再慘淡，這令我感到十分開心及驕傲，有如此棒的亦師亦友的朋友，心情也很激動，透過視訊，我問她近況如何？她說好極了，她還說要把以前的房子車子買回來，恢復以前的生活，甚至還要更好，小梅加油！

這樣正面單純的能量會帶給妳更多好運，妳按照妳生命的現狀來接受它，勇敢的、獨立著、護衛著自己的靈魂，使自己不受外界的傷害，不依賴別人，有勇氣有力量的面對困難，相信妳一定可以更好！祝福妳！小梅及亮亮這對可愛的母女倆，繼續在上海努力拼搏發光發亮生活著！

06

天使飛

舊有的思維及事務正在摧毀，那是来自好的開始及認知……

其實妳身體已經承受很大病痛，朋友來見妳都不捨，然而身體是自己的，別人的不捨不也是造成自己及別人的麻煩嗎？這不是妳願意帶給朋友的呀！然而好強如妳不輕易示弱，妳一路都給別人溫暖，給別人光芒，極盡所能的的給，然而在心底深處妳終究還是人呀！身體病痛發作時，巨大酸痛疼痛蔓延整個身體，妳都無聲頂著，身體長期煎熬，哪能承受妳這樣對待它呀！身體當然是向妳提出嚴重警告呀！

而且是非常嚴重警告，妳別跟自己開玩笑了，不善待自己誰會善待妳呀？妳告訴我，妳還有那麼多的心願要去做，妳一坐定我與妳泡泡茶聊聊天，請妳安靜，好好聽心靜下來的聲音，妳告訴我可以了，因爲抽牌是需要安靜的空間能量，心靜有助於我們的整個對話及抽牌的效果，我請妳抽牌，看看塔羅要告訴妳什麼提醒？妳抽了五張牌，其中有二張牌是主牌《永恆》及《魔仗四》怎麼這節骨眼會發生這麼多妳都無法承受的事呢？塔羅提醒妳，那是來自生命中要從更高的角度去看待自己人生，生命的課題有許多妳要學習及解決，那是使命妳必須要快快整理自己，妳若懂了，就不需要再憂傷，老天爺會來幫妳的，身體變成這麼糟糕，那是危險訊號，妳沒看見自己的使命嗎？妳這樣會拖累自己及家人，不管事情多麻煩，妳都先將自己生活作息調整正常，快快振作自己，妳這位大家眼中的才女，妳知黎明前時黑暗總是如影相隨，妳是有使命任務的女人，自己本身在靈修，同時也義務熱心幫助許多人給予正面的能量的好女人呀！妳不可以再如此內耗下去。

妳告訴我妳有一個心願想要開「養心」系列課程，然而家裡的經濟條件及身體不好的狀態下，又沒有多餘的錢去支持妳的要辦的事業，所以妳的心是非常著急，愈急就愈不順利，身體就會出現狀況，妳知一生爲別人忙不想讓人失望，妳總是努力總是扛，但是妳也該想想自己，這樣下去妳一定會病倒的，時間一點一滴在過，妳要把握時間，向天發出正面聲響發出正面心念，我們的大老闆老天爺會聽見就肯定會來幫助妳，妳說開始有人注意妳，有人聽見妳了，人要轉念轉身才有活路可走。

妳是一位可愛心善的天使，會有更多天使悄悄來到妳身邊，而且正朝著妳方向飛呢？相信我開始好好照顧自己身體了，好好定心，勇敢無懼計畫執行妳的心願吧！

妳是一位美麗的天使，前面的發生都是老天爺有意安排，要揀選妳這麼一位特別的人，是需要通過考驗的，祝福妳，也相信妳真懂了，更相信不久，將來一定會成功站在舞台上發亮著，而妳的養心系列也會慢慢開展，然而現在請先把自己照顧好，好嗎？

07 市場

該結束就要結束，這是智慧，也才有轉身的機會去拼搏下一個人生劇本……

妳們其實很明白，妳們沒錢，就是年輕，幾顆熱騰騰勇往直前的心，在事業與理想的叢林市場中冒險犯難，獨自幾人在這城市裏打拼求生存；妳們其實很明白，這是孤單辛苦的，但也並非不好，至少難過失意不如意，對妳們現在來說，都是成長一部份，那是無價的學習；年輕人能這樣想，真得很難得，妳來算牌，告訴我，妳們一夥人創業已有三年之久了；因生意一直沒進展，很多都是做賠錢白工。

所以妳想要來問塔羅牌，是否還是要繼續撐下去，我請妳抽五張牌，其中有兩張牌一張是《盤之八》另一張是《死亡》那代表是，妳們幾位的確都是小心翼翼在保護自己的理想，因爲很神聖，但也希望妳們經過努力及分析過後，冷靜的思考是否該要轉換跑道的時候了。

別再癡心妄想了，現實還是要去面對，兩難！我認爲不難，年輕人回到職場磨練及學習也都是一條可以走的路呀！最近景氣真得很低迷，尤其是妳們網路行銷產業更是明顯，大則恆大的道理，除非有許多不同的商業核心競爭力，要不，這市場是殘酷且無情，妳說日前拜訪一些業主，聽見業主的苦水心聲，抱怨不安害怕，不知如何是好？等等負面訊息，妳聽來難受啊！因爲這樣客戶就不會把多餘的錢花在妳們的業務上呀！

妳們就快撐不下去，團隊快散掉了，是呀！有夢最美希望相隨，但現實畢竟是現實，這半年整個市場環境，真得快速惡化，教人無法招架無從挽救，台灣中小企業撐得非常辛苦，失業率無薪假，前幾天街上某招牌不才剛裝上嗎？怎麼這下沒多久又鐵門關上，妳們都還沒來得及進去瞧瞧，拜訪客戶呢？

門上大大貼一張「吉屋出租」，手邊提案拜訪，從無到有整合，企劃美編業務等等……沒關係兜關係，兜不上關係就直接登門，雖不敢說有佳績，然而也進步不少學習不少，我說該是要先分道揚鑣的時候了，因爲市場目前並不看好，且競爭對手強大，妳們這幾隻小蝦米，嘗到市場冷酷及現實，實在也夠辛苦了，想想這陣子多虧妳們的認真及天真還有傻勁，樂觀衝勁十足的向前衝，其實那都是對自己人生學習及滋養的最好教材，這些都是無價之寶呀！

這三年經營下來妳們發現，網路這行業太先進了，隨時在變，人材人資一直無法跟外面的同行競爭，這三年下來，看見妳們公司這幾位不支薪努力奮戰的有為青年，大家一直很努力，然而通常生意這事是非常現實的，因為好還要更好，便宜還要更便宜，快還要更快，比創意、比時間、比耐力，這是多麼不簡單的一份挑戰工作呀！妳們其實很明白，大夥沒錢僅剩一顆熱騰騰的心，好學、虛心、勤勞、就是最大賣點，畢竟對公司及客戶這是起碼的態度，客戶不一定會買單，因為競爭對手及商業市場判斷，我想妳們搞錯生意的本質及方向了。

妳們經常彼此相互打氣加油，若真撐不下去，我勸妳們盡快結束公司，我認為妳們公司目前是沒競爭力，會耗盡能量及心力，該結束就要結束，這是智慧，也才有轉身的機會去拼搏下一個事業或工作喔！

祝福妳們這幫有理想有抱負的年輕人；當初我也是這樣混過來的，所以我欣賞也心疼，這是屬於妳們人生的夢想，記錄著妳們團隊真實打拼的故事，所以我知道，妳們雖沒有好成績，但這樣耐力跟堅持就足以感動自己生命了，因為那不是把錢擺在第一順位，這樣的創業很辛苦但也很真實，祝福妳們永遠不要忘記這顆單純的心念，不管有無拆夥，至少大家都曾用心努力過！

08 錢不會咬人，先放在自己口袋吧！

不要總是以一面紗，来看待生命的所有……

妳來問牌不肯說出原因，這樣也無妨，只要妳願意面對塔羅告訴妳的問題，用左手來抽牌；事後我們再來討論，這也是我常算牌，會碰到來問牌這一款型的人，不是不願意說，是一下子在陌生人面前會不好意思的，這也是人之常情，我能理解，如何正確給妳一些建議及方向，這才是我的應盡本分。

其實這三張牌主要是妳想打一個契約，其中一張就出現《調整》牌，是關於契約或法律的內容需要全盤了解及調整，是來自妳對現狀生活不是很滿意，但妳對於妳要打一份合約有一份新的渴望及不安全感相互矛盾著，妳不是很肯定是否要去執行，妳透過不相信透過一層面紗來看這件事，亦或是妳對人生也是如此，別打了合約了吧！我看著牌，這樣的勸妳，若妳還未出征，就已經想著會輸，放棄妳現在新的渴望及目標吧！因爲那是妳想逃避的一個理由，根本還沒準備好，怎麼做呀？對於法律契約之事，我是提醒妳，好好調整好好分析，再來說也不晚呀！現在看來此事不宜呀！

的確，妳最近是想要加盟，但妳心裡其實不是很踏實，我說妳在逃避一些事，妳根本就還沒準備好創業，別拿錢開玩笑，到是妳逃避什麼事，改天我們再來問牌，若妳還有興趣，妳先把這樣的事，先跟對方說清楚，不管要不要加盟，都給對方一個確定告知，妳也先回去，把這事想一想，決定與否，全憑妳；我只是坦白這牌面解讀給妳知道，妳聽了當場就表明妳不想加盟，真正的理由是，其實妳不想待在家裡，整天在家會胡思亂想，而且會與社會脫節，我說那去當志工，既然不缺錢，妳說：妳想要有一份自己事業，那很好只是沒有十足的準備，不太好吧！我說；而且妳多年沒工作了，外面社會不是妳想像這麼美好容易賺錢，有的商人很懂包裝行銷，一旦錢入袋，妳就知道妳自己的下場結果，要不這樣新聞成天一大堆報導妳沒感覺嗎？

錢還是先守著，錢不會咬人的，先放著自己口袋吧！還有妳對自己人生，總是不知道要什麼，妳不敢清楚看看自己的人生，不清楚又模糊的態度，我鼓勵妳，多多接觸新的事物，學習觀察，學習了解，這樣妳的人生，不會老是在遲疑中荒廢時間，妳總是不敢看清楚，我說膽子太小了，這世界形形色色是要小心，但也不要永遠當個旁觀者，冷漠看這個世界，這對自己生命是沒滋養的，妳笑了，告訴我會開始練膽量，哈！那就開始吧！祝福妳！記得，錢是不會咬人的，好好評估吧！

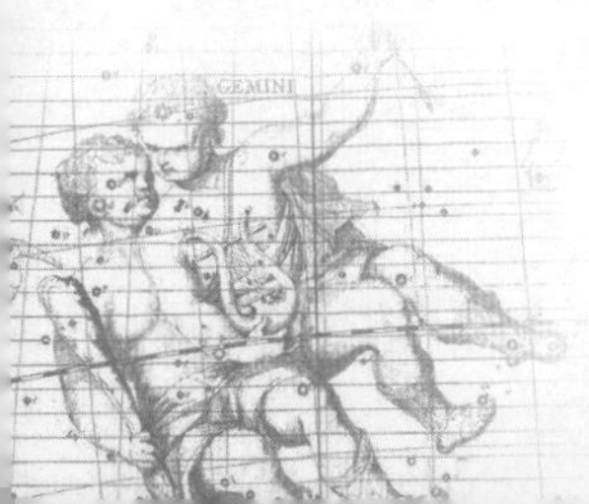

09

沒有吵哪知靜

有些事非得用比較的才能看出一些端倪……

妳說妳胃疼，昨晚喝多了大夥同事大家一起慶生一起玩一起high，這玩起來可瘋狂了，啥酒都混在一塊洋酒白酒紅酒都能喝；哇！真是好厲害的女殺手，酒國女英豪，佩服我真佩服！但也不捨，身體在抗議胃疼了，爲了生活爲了應酬。

同事各自平時工作壓力大，藉由喝酒來放鬆這也沒啥不對，但這樣場合有些人在酒精發作下什麼事做得來，瘋狂囂張行徑都是讓人不敢領教，醜態百出沒完沒了，妳說妳不想再這樣過日子了，這樣日子讓妳覺得很空虛，是呀！妳的靈魂在喚醒妳，靈魂心疼妳，沒人強迫妳要把日子過成這個樣子，是妳自己允許自己讓魔鬼進入妳的生命靈魂！暫時麻痺醉後要面對是更多得清醒及痛苦，那何必也何苦？

妳從年輕就愛玩，一路這樣玩下來也夠了，玩夠了回本了也該甘願了，該看的該玩的都做了，回頭吧！我說妳以後不要再這樣過生活了，往內心走，看看自己真正的快樂是來自何處，我幫妳抽一張塔羅牌，那是一張《癮士牌》，看見你的靈魂一直是走在反省的層面上，妳已開始走在自省階段，恭喜呀！但千萬別破功，千萬別害怕被外境的誘惑所影響而失去定力，我說沒有吵哪知靜呀！懂了就不需再這樣過生活，我說並非是我們自命清高，而是我們知道怎樣過日子才是我們要的。

妳要的是努力用心的工作，而物質物慾只是半成品，心靈的喜悅快樂，是來自妳真正從內心懂得愛自己反省自己，真正愛人也愛自己，懂了就好，惜自己就是如此呀！以後同事有這樣邀約，妳就要勇敢以茶代酒，別怕搞壞氣氛，而你不算啥的，這樣場合我們要懂得自我保護，還有妳的靈魂真不喜歡妳這樣對待，請善待她喔！因爲她已從妳身體抗議了。未來的路還很長遠，身體是奮鬥的本錢，妳沒有理由糟踏它，妳該好好善待珍惜才對呀！沒有吵哪知靜，妳的生命正開始對妳大聲吶喊著！加油呢！

國家圖書館出版品預行編目資料

生命！我要大聲吶喊！ / 海娜 著 --初版--
臺北市：博客思出版事業網：2012.8 (心靈勵志16)

ISBN：978-986-6589-77-5（平裝）
1.占卜 2.生活指導
292.96 101013969

心靈勵志 16

生命！我要大聲吶喊！

作　　者：海娜
美　　編：鄭荷婷
封面設計：鄭荷婷
執行編輯：張加君
出 版 者：博客思出版事業網
發　　行：博客思出版事業網
地　　址：台北市中正區重慶南路1段121號8樓14
電　　話：(02)2331-1675或(02)2331-1691
傳　　真：(02)2382-6225
E—MAIL：books5w@gmail.com或books5w@yahoo.com.tw
網路書店：http://store.pchome.com.tw/yesbooks/
http://www.5w.com.tw/
博客來網路書店、博客思網路書店、華文網路書店、三民書局
總 經 銷：成信文化事業股份有限公司
劃撥戶名：蘭臺出版社 帳號：18995335
香港代理：香港聯合零售有限公司
地　　址：香港新界大蒲汀麗路36號中華商務印刷大樓
C&C Building, 36,Ting, Lai, Road, Tai,Po, New,Territories
電　　話：(852)2150-2100　傳真：(852)2356-0735
出版日期：2012年8月 初版
定　　價：新臺幣280元整（平裝）
ISBN：978-986-6589-77-5